ELOGE

DU MARÉCHAL

DE VAUBAN,

PIECE QUI A CONCOURU
pour le Prix de l'Académie Françoise,
en 1787.

Par M. A. L. D'ANTILLY.

Celui-ci, dont la main raffermit nos remparts,
C'est VAUBAN, c'est l'ami des Vertus & des Arts.
VOLT. Henr.

O melibœe deus nobis hæc otia fecit.
VIRG. Buc.

A PARIS,
De l'Imprimerie de DEMONVILLE, Imprimeur
de l'Académie Françoise, rue Christine.

M. DCC. LXXXVII.

PRÉFACE.

UN mouvement d'enthouſiaſme a fait naître cet Ouvrage ; je l'expoſe aux regards du Public tel qu'il a été envoyé au Concours, tel que je l'ai lu dans différentes Sociétés, tel que je le ferois encore, ſi j'entreprenois de l'écrire. On y trouvera des notes dont je garantis la fidélité, & qui ſont d'autant plus intéreſſantes, qu'elles indiquent la ſource féconde & bienfaiſante où je les ai puiſées.

Ce ſeroit peut-être l'occaſion de parler des difficultés que préſentoit l'éloge d'un des plus grands Hommes que la France ait produit ; mais il ne faut point répandre le découragement parmi les Athlétes qui ſe propoſent d'entrer en lice.

Quant à moi, j'en ſors avec la ſatisfaction d'avoir payé ma dette à la mémoire de VAUBAN, l'eſpérance que les Orateurs de la Patrie composeront enfin une hymne digne de ſes mânes, & l'impatience de la chanter moi-même auprès de ſon tombeau.

ELOGE
DU MARÉCHAL DE VAUBAN.

QU'EST-CE qu'un grand Homme? C'eſt celui qui a montré, pendant le cours de ſa vie, de grandes vertus ou de grands talens. Pluſieurs avenues conduiſent donc à la gloire.

Dans ces temps d'innocence & de paix, où les devoirs que preſcrit la nature n'avoient point encore été décorés du titre faſtueux de vertu, il exiſtoit déjà une ſorte de grandeur. Pour l'atteindre, il ne ſuffiſoit pas d'avoir respecté le champ de son voisin; d'avoir offert chaque année au ciel les prémices de sa récolte, d'avoir réchauffé contre son sein la vieillesse d'un père expirant; d'avoir été fidèle à la compagne qu'on avoit rendue féconde : il falloit s'être signalé par la force, l'adresse, ou le courage.

Mais lorsque ces peuples bergers se furent renfermés dans des villes, la grandeur consista dans la pratique des devoirs de l'homme envers son semblable.

Il y eut bientôt une nouvelle grandeur, devant laquelle toutes les autres disparurent. Un Conquérant, à la tête d'une armée formidable, fut proclamé grand par des Peuples qu'il venoit de soumettre, & qui, tremblans & à genoux, croyoient lui offrir trop peu encore pour la vie qu'il vouloit bien leur conserver.

La flatterie, prodiguant enſuite ce titre à ceux qu'elle cherchoit à corrompre, la plus petite ville eut ſes grands Hommes. Les lauriers, arrachés de toutes parts, & pliés en couronnes, devinrent trop rares pour ceux dont ils devoient ceindre la tête. La gloire fut alors le partage de quiconque daigna la rechercher. Mais, trop partagée, elle s'affoiblit au point que ſes rayons ne jetèrent plus qu'une lumière pâle & incertaine, qui diſparut tout à fait lorſque la Philoſophie commença à éclairer de ſon flambeau le genre humain.

Que devinrent, à cette époque, tous ces grands Hommes des générations paſſées ? Leurs noms furent rayés des tables où ils avoient été inſcrits ; leurs ſtatues renverſées & mutilées n'excitèrent plus que le mépris ou la dériſion; & les monumens que leur avoient élevés la précipitation, l'ignorance, l'adulation ou la crainte, diſperſés çà & là, n'eurent pas même l'honneur d'avoir été détruits par la main du temps.

Il ne faut pas croire cependant que cette proſcription ait été générale. La Philoſophie, toujours équitable dans ſes jugemens, ſut diſtinguer, parmi cette foule d'uſurpateurs du plus beau de tous les titres, ceux qui y avoient eu des droits réels. Alors les hommes, n'ayant plus qu'une ſeule & même idée de la véritable grandeur, celui qui fut grand dans ſa Patrie, le devint auſſitôt aux yeux de tout l'Univers. Alors Alexandre, Ariſtide, Socrate, Marc-Aurèle, Euclide devinrent égaux par le culte & les hommages.

Parmi les Héros françois qui méritèrent depuis de s'asseoir au temple de l'Immortalité, VAUBAN, placé auprès d'Archimède, de Colbert, & de Sully, jouissoit paisiblement des honneurs dus à ses talens militaires & à ses vertus patriotiques, lorsque quelques téméraires ont essayé de l'en dépouiller.

Qui le croiroit? Au moment où la renommée a annoncé que VAUBAN devoit être l'objet d'un Eloge public, l'Envie a tourné toute sa furie contre sa mémoire; elle s'est approchée des monumens que la postérité reconnoissante lui a élevés; elle y a porté ces mains impures qui souillent tout ce qu'elles touchent: mais trouvant l'édifice de sa gloire inébranlable, elle a dit en rugissant: Qu'a-t-il donc fait pour qu'on rende à sa cendre des honneurs extraordinaires? De quelle découverte a-t-il enrichi sa Patrie? François, briſez les couronnes qu'on lui prépare, ou craignez qu'on ne vous accuſe de ne vous créér ainſi de grands Hommes que parce que vous en manquez !

Impitoyable Envie ! depuis quand cherches-tu tes victimes parmi les morts ? As-tu donc oublié que, ſemblable au tigre qui ne dévore que les animaux dont il a fait couler le ſang & vu palpiter les chairs, tu ne te repais que de créatures vivantes ?

Oh ! s'ils exiſtoient encore, ces hommes éloquens, à qui ſeuls il appartenoit ſans doute de célébrer les Héros du plus beau de tous les ſiècles, les mânes de VAUBAN ſeroient bientôt vengés ! ou s'il pouvoit renaître cet Orateur véhément & ſublime, qui, après avoir conſacré ſa vie entière à chanter les vertus, fut ſurpris par la mort au moment où il écrivoit en vers pompeux les hauts faits du rival de Charles XII . . . Souhaits inutiles ! la cendre de Thomas eſt inſenſible à ma prière, & le Ciel n'accordera point à mes vœux ce qu'il a refuſé aux larmes des Savans dont il partagea les travaux & l'illuſtration.

Eh bien, puiſque ſon génie ne peut arriver juſqu'à moi, c'eſt toi que j'invoque en ce moment, vérité religieuſe ! Toi ſans qui l'éloge des grands Hommes n'eſt qu'un outrage à leur mémoire, prête-moi ta force; verſe ſur moi ta lumière. Rien ne manquera à la grandeur de VAUBAN, ſi tu permets que je trace l'hiſtoire fidèle de ſes actions.

PREMIÈRE PARTIE.

La famille (1) des le Prêtre jouiſſoit depuis long-temps de l'illuſtration qui s'acquiert par les armes, lorſque VAU-

BAN naquit. C'eſt alors, qu'après avoir été la défenſe & le ſoutien de l'Etat, elle en devint la bienfaitrice.

VAUBAN connut de bonne heure tout le prix de la nobleſſe (2); mais en même temps il ne la regarda que comme un riche héritage, dont il devoit augmenter la valeur. Les Héros n'ont point d'enfance : la ſienne ne dura qu'un inſtant. Il fut homme au moment où l'on eſt à peine adoleſcent; il eut la paſſion de la gloire à l'âge où l'on eſt ſans déſirs ; il la cherchoit par-tout avant de connoître le chemin qui y conduit. N'en doutons pas : cette impatience, cette précipitation furent ſeules la cauſe de ſes égaremens (3).

Qu'on ne s'attende point que, par une foibleſſe trop commune aux Orateurs, je laiſſe dans l'abîme des temps ces jours de preſtige où VAUBAN parut oublier que la fidélité à ſon Prince eſt le plus auguſte de tous les devoirs. La célébrité ne doit pas plus être l'excuſe d'une faute, que l'Hiſtorien d'un grand Homme ne doit craindre de publier ſes erreurs. Il eſt bon que ceux qui ont la noble envie de les imiter ſachent que le blâme & l'éloge les attendent également après leur mort.

Séduit par l'honneur de ſervir ſous un Prince qui joignoit à l'avantage d'être iſſu du ſang de nos Rois, la réputation du plus grand Capitaine de l'Europe, & le titre de Généraliſſime des armées d'Eſpagne; certain d'apprendre, ſous un tel Maître, l'art pénible de la guerre; encouragé par l'exemple de rebellion que donnoit le premier Sujet de l'Etat; VAUBAN va ſe ranger ſous les drapeaux de Condé; & ſa valeur prouve bientôt qu'il eſt digne d'être le compagnon de ſes armes. Plus le péril eſt grand, plus il le brave; plus la mort eſt certaine, plus il trouve de gloire à l'affronter. En vain cherche-t-on à réprimer ſon courage; en vain lui défend-on de ſe livrer à une témérité qui expose ses jours ; s'il obéit, c'est avec le désespoir de ne pouvoir payer de tout son sang un instant de célébrité.

Les troupes victorieuses de Condé avoient déjà renversé les murs de Château-Porcien & de Réthel. Ce Prince marche à de nouvelles conquêtes ; VAUBAN le suit. Sainte-Ménéhould, investie de toutes parts, est sur le point d'offrir ses clefs au vainqueur. Elle fait pourtant un dernier effort pour reculer sa perte. VAUBAN, à la vue des assiégés, sous le feu d'une artillerie nombreuse, se précipite dans le fleuve qui sépare les combattans*, le passe à la nage, & va braver les ennemis jusqu'aux pieds de ses remparts, qui tombent enfin devant Condé.

VAUBAN, soumis, comme tous les hommes, à ces révolutions tardives, mais impérieuses, que les années amènent avec elles, & familiarisé avec les combats, ne voit déjà plus rien dans le choc de deux armées qui ſoit digne de ſon courage. Le péril y eſt le même pour trop de perſonnes, ou, pour mieux dire, il n'eſt pas aſſez grand pour lui. Mais braver avec ſérénité la foudre qui tonne du haut d'une ville défendue par cent bouches d'airain ; aller de ſang froid, & le plus ſouvent ſeul, en reconnoître les dehors; marcher avec intrépidité ſur ces voûtes où le ſalpêtre & la poudre, n'attendent que le feu qui doit les embraſer pour ſe changer en volcans, & jeter au loin la mort & la deſtruction ; élever ſur ce même terrain des ouvrages ſans ceſſe renverſés, & ſans ceſſe relevés; bâtir enfin, à la vue de l'ennemi, une place auſſi forte que celle où il ſe tient enfermé : voilà ce qu'il faut déſormais au courage, au génie de VAUBAN.

Le moment de l'erreur étoit paſſé. VAUBAN, pris les armes à la main (4), rendu à ſa Patrie, encouragé par un Miniſtre qui ſavoit entretenir l'émulation dans tous les cœurs, marche enfin ſous les bannières de ſon Roi. Témoin des exploits de Turenne & de la Ferté, il les aide à mettre en fuite ces mêmes légions que commandoit Condé, & ſe montre, une ſeconde fois en vainqueur, devant ces mêmes villes qui avoient été déjà victimes de ſon intrépidité.

Vervins, Réthel, Commercy ont à peine ouvert leurs portes, que Turenne fait ſommer Sainte-Ménéhould de ſe rendre. Cette place eſt de nouveau le théâtre des exploits de notre Héros ; mais ce n'eſt plus en rebelle qu'il s'y montre. VAUBAN, ſous les ordres d'un grand Capitaine, en préſence de ſon Roi, dirige, en qualité d'Ingénieur en ſecond, les travaux du ſiége, & Sainte-Ménéhould tombe au pouvoir de Louis XIV.

Il eſt un inſtinct impérieux qui tourmente ſans ceſſe les hommes, qui leur commande, qui les preſſe, les agite & les porte, pour ainſi dire malgré eux, vers

vers l'objet pour lequel ils ſemblent être nés. Ptolomée, dans le ſilence & l'obſcurité de la nuit, promène ſes regards ſur ces corps lumineux qu'une puiſſance inviſible a ſuſpendus au deſſus de nos têtes; il eſt frappé d'admiration. Bientôt, s'élevant aux plus hautes régions, il oſe porter le compas dans les cieux, & ſoumettre à des calculs, inconnus juſqu'alors, la courſe des aſtres les plus éloignés. Chriſtophe Colomb, du ſommet d'un rocher contre lequel la vague ſe briſe, contemple l'Océan, qui ſert de borne à l'Europe. Les yeux fixés à l'horizon, qui fuit & ſe recule, il ſoupçonne, il entrevoit un nouvel Univers, & l'Amérique eſt découverte. Vauban, au milieu des débris d'un rempart que foudroye encore le canon de l'ennemi, ſent naître dans ſon cœur la paſſion de l'art qu'il devoit porter ſi loin; c'eſt là qu'il en médite les ſecrets; c'eſt là qu'il fait vœu de lui conſacrer ſa vie entière; c'eſt là qu'éprouvant le ſentiment de ce qu'il doit être un jour, il ſonge déjà à devenir *créateur* dans une Science dont les ſiècles paſſés avoient fixé les limites.

L'art de mener les hommes aux combats, de les former en corps, de leur apprendre à donner la mort avec promptitude, ou de l'éviter avec adreſſe, avoit été, depuis long-temps, réduit en principes; & cet art funeſte avoit ſucceſſivement parcouru & ravagé toutes les parties de l'Univers, que celui de fortifier les villes étoit encore au berceau. Ne croyons pas que cette ignorance fût l'effet d'un ſentiment d'humanité de la part des attaquans, ou de confiance de la part des attaqués. Le génie des Guerriers, plus exercé ſans doute à détruire qu'à conſerver, avoit fait très-peu de progrès dans ce genre d'Architecture, qu'il regarda peut-être alors comme le ſigne extérieur de la crainte.

A quoi ſe réduiſirent donc les fortifications de ces temps ? A entourer les villes de murailles épaiſſes, & défendues, de diſtance en diſtance, par des tours plus épaiſſes encore ; à creuſer devant ces murailles des foſſés profonds, qu'on inondoit à volonté, & dans leſquels on voyoit couler avec impétuoſité, à travers un lit étranger, les eaux d'un fleuve que la main des hommes avoit détourné de ſon cours naturel. Ailleurs, des habitans, plongés dans le ſommeil, abandonnoient le ſoin de leur défenſe à des marais fétides dont ils entretenoient la fange & l'humidité, & qui, après les avoir protégés contre les ſurpriſes & les invaſions, devenoient pour eux l'ennemi le plus redoutable, par les exhalaiſons peſtilentielles qui en émanoient.

Des montagnes eſcarpées ſe virent auſſi couronnées de cités opulentes, qu'elles rendirent quelquefois reſpectables, & devant leſquelles de nombreufes armées rencontrèrent le terme de leurs profpérités.

Si, comme on vient de le voir, l'art de fortifier les places n'étoit autre chofe que la fcience de tirer tout le parti poffible des moyens de défenfe offerts par la nature, celui de les attaquer étoit plus imparfait encore; de forte que la même proportion exiftoit à peu près des deux côtés, avec cette différence cependant que l'affiégeant perdoit trois fois plus de monde que l'affiégé, quoiqu'ils employaffent l'un & l'autre, avec la même habileté, l'eau, le fer, & le feu.

Il faut néceffairement en conclure que les fiéges étoient infiniment plus meurtriers alors que de nos jours. Auffi les annales des maffacres commis par les hommes envers leurs femblables, ne parlent-elles que de villes faccagées, après avoir été prifes d'affaut, & d'armées entières enfevelies au pied des villes où elles croyoient entrer victorieufes.

Ces événemens deviennent plus rares à mesure qu'on avance vers les beaux siècles de l'Europe. Mais à quelle époque disparoissent-ils tout à fait des fastes de la haîne & des querelles des Nations? A celle où le hasard, tout à la fois funeste & heureux, mit la foudre dans la main de l'homme.

De toutes les révolutions arrivées sur le globe, celle que produisit l'usage des armes à feu fut, sans contredit, la plus prompte & la plus générale. Aux premiers coups de canon, l'alarme se répand d'un bout de l'Univers à l'autre; mais elle ne dure qu'un instant. Le Géomètre, moins prompt à s'effrayer, n'a pas plutôt vu les effets de cette infernale découverte, qu'il a déjà trouvé les moyens de les rendre moins terribles. Aussi-tôt on donne plus d'élévation aux remparts, plus de profondeur aux fossés. Les anciennes tours sont abattues, & remplacées par des bastions; & les villes, revêtues d'ouvrages extérieurs, deviennent inaccessibles à l'ennemi, qui n'ose plus en approcher.

Déjà la science des fortifications a une théorie (5); déjà les Pagan & les Deville sont mis au nombre des Maîtres célèbres qui l'enseignent. Mais malheureusement ces grands Hommes s'arrêtent; soit qu'ils se trouvent fatigués des premiers pas qu'ils ont faits, soit qu'ils se croyent aux extrémités de la carrière où ils sont entrés; & l'endroit où ils se reposent sert de limites à un art presque naissant.

VAUBAN s'en aperçoit, & il ose concevoir le projet de les reculer. En vain lui oppose-t-on l'usage; en vain cherche-t-on à lui imposer la servitude des principes, des méthodes, des systêmes... son génie franchit l'espace étroit dans lequel l'ignorance ou la jalousie cherchent à le tenir captif, & renverse tous les obstacles qu'il rencontre.

Ces obstacles étoient grands; ils renaissoient à chaque instant des anciennes opinions, des vieilles pratiques, dont le joug étoit devenu d'autant plus respectable, qu'il avoit été supporté par les siècles précédens. Voilà les ennemis qu'eut à combattre notre Héros. S'il les terrassa, ce ne fut point en les attaquant à force ouverte, mais en employant l'adresse & la ruse, ces armes si puissantes entre les mains de qui sait s'en servir.

Il faut convenir que les circonstances dans lesquelles se trouva VAUBAN, ne contribuèrent pas peu au développement de ses talens. Né sous un Roi belliqueux; né dans un siècle où l'on vit les Nations les plus puissantes se liguer pour arrêter le cours des prospérités d'un Prince qui paroissoit méditer la conquête de l'Europe entière, il eut plus qu'un autre l'occasion de répéter ces expériences heureuses qui précèdent & préparent les découvertes.

Celles que fit VAUBAN dans les différens siéges qu'il dirigea en chef, ne pouvoient manquer le but qu'il se proposoit, celui de réformer le systême des fortifications. Les succès, qui les couronnèrent presque toutes, ne tardèrent pas à exciter l'admiration des grands Capitaines sous lesquels il eut d'abord l'honneur de servir, & dont il partagea ensuite, en égal, les travaux & la gloire.

C'est désormais parmi cette foule de Héros (6) qui portèrent si haut, sous Louis-le-Grand, l'éclat de la Monarchie françoise ; c'est auprès de la personne auguste de ce Roi guerrier qu'il faut chercher VAUBAN ; c'est là qu'il faut le voir, recevant immédiatement les ordres de son Prince, lui soumettant le plan de l'attaque du lendemain, osant lui dire son avis avec cette noble franchise qui n'appartient & n'est permise qu'à l'homme certain de ses opérations.

La Ferté, Turenne, d'Hocquincourt,

Fabert, Schomberg, d'Humières, la Feuillade, Luxembourg, de Lorges; voilà les noms célèbres auxquels VAUBAN vient d'associer le sien; voilà les Généraux qu'il a pour émules dans le chemin de l'honneur. C'est de concert avec eux qu'il va lancer la foudre sur les villes ennemies ou rebelles, dont Louis le Grand a résolu la perte. Déjà Stenay est investie de toutes parts; après un siége de trente jours, après la résistance la plus opiniâtre & la plus meurtrière, elle est obligée de capituler.

Clermont imite son exemple. Landrecy, après dix-neuf jours de tranchée ouverte, voit flotter nos drapeaux sur ses remparts.

Condé, Saint-Guillain, Maubeuge sont attaquées. En vain fondent-elles leur salut sur les nombreuses garnisons qui les défendent, sur l'expérience des Officiers qui y commandent, sur les triples murailles qui les entourent: VAUBAN leur prouve que, là où il est, la ſcience & la valeur deviennent inutiles, & les force d'implorer la clémence du vainqueur.

Montmédy eſt ſommée de ſe rendre; Montmédy, l'une des plus fortes places du Luxembourg, & par les ouvrages qui la défendent, & par la nature de ſa poſition, oſe, du ſommet du roc ſur lequel elle eſt aſſiſe, braver nos armées victorieuſes. VAUBAN, ne conſultant que la gloire de ſon Maître, dont il ſe croit déjà dépoſitaire, anime de l'exemple le ſoldat, ſe porte dans les endroits les plus périlleux (7). Trois fois bleſſé, il retourne à l'attaque, & trace de ſon ſang le chemin de la victoire. Montmédy, ſur le point d'être enlevée, demande les honneurs de la capitulation, & vient humblement offrir ſes clefs.

Saint-Venant, Ardres, Mardick ſubiſſent le même ſort.

Mais ces exploits ne ſont pas aſſez grands pour notre Héros.

Valenciennes eſt le lieu où il va mettre en uſage toutes les reſſources de ſon génie.

Qu'il me ſoit permis ici d'emprunter les expreſſions du célèbre Ecrivain qui nous a tranſmis les circonſtances incroyables de ce ſiége.

« Le Roi (Louis XIV) y aſſiſtoit en » perſonne, ayant avec lui ſon frère & » cinq Maréchaux de France, d'Humières, Schomberg, la Feuillade, » Luxembourg & de Lorges. Les Maréchaux commandoient chacun leur » jour : VAUBAN dirigeoit toutes les opérations.

» On n'avoit pris encore aucun des » dehors de la place ; il falloit d'abord » attaquer deux demi-lunes : derrière » ces demi-lunes étoit un grand ouvrage » couronné, paliſſadé, fraiſé, & entouré » d'un foſſé coupé de pluſieurs traverſes. » Cet ouvrage en renfermoit un abſolument ſemblable, mais plus petit. Il » fallut, après s'être rendu maître de » tous ces retranchemens, franchir un

» bras de l'Efcaut. Ce bras franchi, on » rencontroit de nouveaux ouvrages, » derrière lefquels couloit avec rapidité » l'Efcaut, dont le lit profond préfen- » toit un foffé dangereux à traverfer. » Tous ces ouvrages étoient hériffés de » canons ; enfin une garnifon de trois » mille hommes annonçoit une défenfe » opiniâtre ».

Le Roi affemble fon Confeil de guerre, pour délibérer fur l'attaque des ouvrages du dehors ; tous les avis fe réuniffent pour qu'elle fe faffe pendant la nuit. Le fecret de l'entreprife, la sûreté du foldat, que l'obfcurité doit protéger, dont elle doit ménager le fang, en rendant les coups des affiégés moins certains ; l'ufage enfin, ce tyran qui règne fur les Rois comme fur les hommes, tout femble exiger qu'on défère à cette opinion.

Louis alloit s'y rendre, lorfque VAUBAN propofa de la faire en plein jour. Seul de fon fentiment, au milieu d'un

Sénat militaire composé de Généraux courbés sous le poids des ans & des lauriers, sous les yeux d'un Ministre sévère, dont le regard lui fait assez connoître qu'il désapprouve sa témérité; en présence d'un Prince environné de l'éclat de la Majesté royale & de la pompe de ses victoires, il ose élever la voix. « Voulez-vous, dit-il, ménager le sang » du soldat? vous l'épargnerez bien » davantage quand il combattra de jour, » sans confusion & sans tumulte, sans » craindre qu'une partie de nos gens ne » tire sur l'autre, comme il n'arrive que » trop souvent. Il s'agit de surprendre » l'ennemi; il s'attend aux attaques de » nuit : nous le surprendrons en effet, » lorsqu'il faudra, qu'épuisé des fatigues » d'une veille, il soutienne les efforts » de nos troupes fraîches. Ajoutez à » cette raison, que s'il y a, dans cette » armée, des soldats de peu de courage, » la nuit favorise leur timidité; mais » que, pendant le jour, l'œil du Maître

» inſpire la valeur & élève les hommes
» au-deſſus d'eux-mêmes ».

Cette éloquence noble & ſimple perſuade Louis XIV. L'attaque eſt ordonnée auſſi-tôt : les ouvrages ſont forcés, la ville eſt priſe d'aſſaut ; & Louis, proclamé vainqueur dans Valenciennes, doute encore de la réalité de ſa victoire.

Vous qui approchez les perſonnes ſacrées que le Ciel a chargées du ſoin pénible de gouverner les hommes ; vous qui, par une timidité puniſſable, n'avez pas le courage de remplir le plus élevé, le plus noble de vos devoirs, celui de leur parler avec franchiſe, lorſque leur gloire ou le ſalut des Peuples vous l'ordonne, rappelez-vous que VAUBAN fit, par ſa fermeté, le ſuccès d'une expédition à jamais mémorable ; qu'il ſauva la vie à des milliers de ſoldats qui auroient été infailliblement victimes de leur bravoure ; qu'il épargna à une ville emportée l'épée à la main, les horreurs qui ſouillent ordinairement ces conquêtes : & vous ſerez peut-être dignes quelque jour des emplois où vous a portés la naiſſance ou la faveur.

Valenciennes n'eſt pas plutôt au pouvoir du Roi, que Berghes, Furnes, Gravelines, Oudenarde, Menin voient tomber leurs remparts. A cette époque, la France & l'Eſpagne, épuiſées l'une & l'autre par les dépenſes exceſſives où les avoit jetées une guerre trop longue, hélas ! pour ceux qui en étoient les inſtrumens, commencent à calculer ce que chacune d'elles a diſſipé en argent, en ſoldats. La Politique, devenue humaine par néceſſité, conſent à ne plus s'abreuver de ſang. Deux Miniſtres, également ſavans dans l'art des négociations, ſignent le traité de paix qui doit aſſurer le repos des deux Nations : & c'eſt du pied des Pyrénées, c'eſt du pied de ces montagnes dont la cime eſt toujours couverte de frimas, que s'élève l'olivier qui doit ombrager de ſes rameaux bienfaifans la France & l'Efpagne (8). Déjà le carnage ceffe, les armées font licenciées, les communications deviennent libres. VAUBAN fe livre auffi-tôt à l'étude de la Science à laquelle il s'eft voué ; & la paix, qui eft le moment du repos pour ceux qui ne voient, dans les fervices qu'ils rendent à leur Patrie, que le joug pénible du devoir, eft l'inftant où il fe montre plus que jamais digne des regards de fon Souverain.

Relever des fortifications abattues, en conftruire de nouvelles; acquérir une connoiffance exacte de chaque place; calculer la force que peuvent fe prêter mutuellement les villes de guerre; affurer la correfpondance qu'elles doivent avoir entre elles; former, par le fecours qu'elles tirent l'une de l'autre, une chaîne à l'épreuve des efforts de l'ennemi le plus puiffant; prolonger ce cordon refpectable le long de nos frontières : telles font les occupations de VAUBAN.

Tant

Tant d'ardeur, tant de zèle n'échapperont point à la ſagacité du Maître qui en eſt l'objet. L'œil d'un grand Roi eſt comme celui de l'Etre ſuprême, devant qui toute la nature eſt préſente. Louis XIV, dont les graces alloient toujours au devant de celui qui en étoit digne, & qui ſavoit que le vrai mérite a l'orgueil de mépriſer les ſollicitations, ces manéges des Cours, reſſources des hommes ordinaires, prévient VAUBAN, & l'élève à un grade (9) où ſa jeuneſſe ne lui permet pas d'aſpirer. La France applaudit à ſon avancement, en même temps qu'elle admire le diſcernement du Monarque.

Ce n'eſt point aſſez : de nouveaux bienfaits, dont la ſource ne doit plus tarir pour VAUBAN, découlent du Prince vers lui. Senſible à des dons ſi honorables, il ne les accepte que pour en faire un uſage plus honorable encore. Une autre ame que la ſienne ſe ſeroit laiſſé corrompre par les charmes d'une fortune auſſi rapide. Un autre que lui, oubliant que la ſimplicité eſt la première des vertus militaires, auroit employé l'argent de l'Etat à faire conſtruire des palais, à étaler un luxe tout à la fois ridicule & inſolent. VAUBAN, perſuadé que l'eſtime & le reſpect ne s'obtiennent point par les dehors d'une repréſentation faſtueuſe, trouve dans ſon cœur le moyen le plus sûr pour ſe les concilier.

Parmi cette foule de jeunes Guerriers qui ſe dévouent à la défenſe de la Patrie, il en eſt que le haſard a marqués, au jour de leur naiſſance, du ſceau de la nobleſſe & de la pauvreté. Victimes d'un grand nom, ils prodiguent leur ſang dans les combats, tandis que ceux dont ils reçurent la vie, & dont ils auroient été les ſoutiens, ſi l'amour de la gloire, l'emportant ſur les devoirs de la nature, ne les avoient appelés aux champs de l'honneur, traînent, ſous le chaume d'une cabane ruſtique, une existence que leur dispute quelquefois l'indigence, & presque toujours la misère.

Dans un Corps où l'honneur défend la plainte à l'infortune, où l'uniformité des vêtemens donne à chaque individu l'extérieur de la même aisance, à quel signe reconnoîtra-t-on l'Officier indigent ? Il n'en est point. C'est alors qu'il faut deviner les hommes, c'est alors qu'il faut soulever avec précaution le masque imposant qui couvre les physionomies. Ce talent est bien rare, & suppose une grande connoissance du cœur humain. C'est celui que possède VAUBAN. Personne n'a plus que lui l'art de prévenir, de saisir le moment où un bienfait n'a point de prix, par l'instant où il arrive.

Par des secours (10) adressés à propos, & dont la source est en même temps ignorée, l'un se voit en état de poursuivre une carrière dans laquelle il n'avoit peut-être pas encore un jour à ſe montrer ; l'autre eſt à même de remplir des engagemens contractés pour ſubvenir aux frais d'une campagne diſpendieuſe. Bienfaiſance, volupté, délices de l'ame, plaiſir pûr & ſans mélange, ſi tu fus la vertu principale du Héros que je célèbre, ſi tu contribuas à aſſurer ſa gloire, que ne te doit-il pas, à ſon tour, pour les cœurs que tu lui as gagnés !

C'eſt ainſi que VAUBAN ſe délaſſoit des fatigues de la guerre, lorſque de nouveaux orages vinrent troubler le calme dont la France jouiſſoit. Mazarin n'étoit plus ; mais ſon génie gouvernoit encore le Conſeil de Louis XIV. Ce que ce Miniſtre habile avoit prévu arrivoit enfin.

La mort de Philippe IV (11) appeloit un Monarque, avide de gloire & de conquêtes, à une ſucceſſion brillante, & à laquelle il avoit des droits du côté de Marie-Thérèſe. Il s'agiſſoit de réunir à la Couronne de France trois Provinces considérables, la Flandre, le Brabant, & la Franche-Comté.

L'Efpagne, pour qui la France n'étoit déjà que trop redoutable, & qui fentoit d'ailleurs combien la réunion de ces immenfes domaines alloit augmenter fa puiffance, fit valoir la renonciation ftipulée dans le contrat de mariage, au nom de l'Infante. L'intérêt de l'Etat, foutenu par des droits dont la validité paroiffoit fuffifamment établie, ne permettant plus à Louis XIV de douter de la juftice de fa caufe, la guerre fut auffi-tôt déterminée ; & ce jeune Monarque fe montroit déjà les armes à la main dans ces Provinces dont on lui difputoit la propriété, que les Commiffaires nommés par les deux Puiffances difcutoient froidement leurs prétentions refpectives.

Jours de grandeurs & de profpérités, où les armes les plus nombreufes fuyoient au nom feul de Louis XIV, comme le cerf timide fuit devant le chaſſeur qui le pourſuit ; où les villes les plus fortes par leurs remparts & leurs garniſons, tomboient à ſon approche, comme les épis tombent ſous la faux du moiſſonneur, ſi vous avez été mis au nombre des plus belles époques de la Nation Françoiſe, c'eſt à VAUBAN que vous devez cet honnenr. Sans lui (12), Armentières, Charleroy, Tournay, Oudenarde, Aloſt, Ath, auroient peut-être bravé long-temps les efforts de Turenne ; ſans lui les plaines de Lille & de Douay auroient vu nos légions répandre inutilement leur ſang ſous les murs de ces villes. Mais cet outrage n'eſt point à redouter là où commande VAUBAN : la Flandre, ſoumiſe preſque auſſi-tôt qu'attaquée, n'offre déjà plus rien qui ſoit digne de ſes coups.

C'eſt maintenant à la Franche-Comté qu'il va faire connoître tout ce que peut le génie, ſecondé par la valeur.

Beſançon (13), l'eſpérance, le boulevart de cette Province, donne un instant l'exemple de la fidélité & du courage; mais à la chaleur avec laquelle les ouvrages sont poussés, elle reconnoît bientôt la main qui les dirige, & ne voit de salut que dans une prompte capitulation.

Dole, Gray, Salins imitent aussi-tôt son exemple; & la Franche-Comté, en moins de six semaines, n'a plus ni maîtres ni protecteurs par delà les Pyrénées.

Louis XIV, plus embarrassé de conserver, qu'il ne l'avoit été de conquérir, est déjà tourmenté de l'inquiétude que traîne toujours après elle une grande fortune. Ce n'est pas que, dans un royaume où les hommes sont, au besoin, citoyens & soldats, il manque de bras pour garder ces nouvelles possessions : mais que peuvent les garnisons les plus nombreuses dans des villes ouvertes de toutes parts? que peuvent les Provinces elles-mêmes, sans ces barrières qui sont la sûreté des Etats ? Louis ſent la néceſſité de les mettre à l'abri de l'inſulte. Mais à qui confiera-t-il cet ouvrage important ?

Il exiſte entre les grands Hommes des rapports qu'eux ſeuls peuvent ſaiſir, & qui les excitent à ſe rechercher, à ſe déſirer, à avoir beſoin l'un de l'autre. A peine ſe ſont-ils entrevus, qu'ils ſe reconnoiſſent ; à peine ſe ſont-ils approchés, que leurs ames ſe touchent. Ils ont enfin, pour ſe diſtinguer entre eux, ce tact délicat & sûr qui porte dans les ſens de l'homme privé de la lumière, l'image des corps qu'il ne voit pas. Celui qui avoit deviné le génie de Louvois, celui qui étoit deſcendu dans l'ame de Turenne, celui qui avoit pénétré l'eſprit calculateur de Colbert, eut bientôt reconnu que l'honneur de veiller à la conſervation de ſes nouvelles conquêtes n'appartenoit qu'à VAUBAN (14) ; c'eſt lui qu'il charge de ce pénible emploi.

Les efpérances de Louis XIV ne feront point trompées. La Flandre n'offroit encore aux yeux de fes malheureux habitans que des monceaux de débris; la terre, entr'ouverte & déchirée, y préfentoit à chaque pas l'image effrayante de ces contrées fur lefquelles le Véfuve vomit fans ceffe le bitume & le foufre. VAUBAN paroît, & elle fort de fes ruines plus majeftueufe qu'elle ne le fut jamais fous la domination efpagnole.

C'eft à Lille fur-tout qu'il fe plaît à déployer toutes les richeffes de fon Art; c'eft là qu'il en met au jour tous les fecrets, toutes les reffources. Lille devient le chef-d'œuvre de VAUBAN, & fes remparts femblent vouloir porter aux cieux le nom du grand Homme dont elle eft l'ouvrage.

Mais quel eft fon étonnement lorfqu'elle voit s'élever à fes côtés une feconde ville plus redoutable qu'elle !

Quel eft celui de VAUBAN (15), en

apprenant que son Maître, par une faveur qui n'a pas encore eu d'exemple, a daigné lui en accorder le gouvernement ? A cette nouvelle, son cœur tressaille, son ame s'exalte; ses vœux sont de témoigner à son Roi que s'il n'est pas le plus digne de ses bienfaits, au moins est-il celui qu'anime davantage le désir de les mériter.

Entraîné par la rapidité des événemens qui se succèdent ; accablé par le nombre des actions, qui, sous le siècle le plus glorieux de la Nation Françoise, élevèrent si souvent les Sujets au niveau du Maître, il ne m'est plus possible de suivre VAUBAN, tant sa course est rapide. Je me bornerai donc à le montrer combattant, dans le Brabant, sous les ordres de Louis XIV ; prenant (16) Arnhain, Skenk, Utrecht, Doesbourg, Zutphen, Nimègue, Naerden ; recevant, devant Maestricht (17), la couronne de l'immortalité, prix de l'invention de ses fameux parallèles; foudroyant

Luxembourg, Manheim (18), Frankendal, Hoxer, Hui, Climbourg, & laiſſant devant toutes ces places des monumens éternels de ſa valeur & de ſon génie.

Des ſuccès ſi éclatans excitent partout des cris d'alégreſſe, des chants de victoire, au milieu deſquels on entend retentir le nom de VAUBAN. Le ſoldat, dont il a protégé les jours, dont il a ménagé le ſang, voit en lui le père le plus tendre, le bienfaiteur le plus zélé. Invincible lorſque Turenne le mène au combat, il ſe croit invulnérable (19) auprès de VAUBAN.

Le ſoir, dans ces diſcours familiers & pleins de candeur, où ces braves gens s'entretiennent avec cette franchiſe qui ſied ſi bien à leur état, des vertus de leurs Chefs, c'eſt à qui fera le récit des campagnes où il a ſervi ſous ce grand Maître. L'un dit : A telle occaſion il empêcha, par des retranchemens faits à propos, l'armée entière d'être taillée en pièces. L'autre s'écrie : Sans lui nous périſſions tous ſous les murs de Luxembourg. Bientôt un attendriſſement général prend la place de l'admiration ; le ſilence ſuccède à la confuſion ; tous les yeux ſont inondés de ces douces larmes qu'arrache le ſouvenir des grandes actions ; & les premiers mots qui échappent à leur reconnoiſſance, ſont : *Vive* VAUBAN *! vive le conſervateur des hommes !*

Le Courtiſan lui-même cède à l'enthouſiaſme univerſel ; le Courtiſan oublie que tout ce que lui ou les ſiens n'ont pas fait, doit être déprimé ; qu'il eſt l'ennemi né de quiconque a du mérite ; qu'il eſt de ſa politique barbare de le combattre par-tout où il le rencontre. Il oublie qu'en rabaiſſant les hommes à qui leurs talens donnent une ſtature giganteſque, il les ramenera à la médiocrité de la ſienne. Le Courtiſan devient juſte, & ſe ſurprend lui-même balbutiant l'éloge de VAUBAN.

Les grandes réputations ne donnent

communément qu'une célébrité locale ; celle de VAUBAN eſt la même à la Cour, dans les camps, dans l'Europe, chez tous les Peuples qui ont des relations avec cette portion de l'Univers.

L'Eſpagne ſait depuis long-temps, par une expérience trop malheureuſe, qu'il exiſte en France un génie puiſſant à qui tout doit céder, qui poſsède tout à la fois la magie de détruire & de créer ; mais ſi elle déplore l'uſage funeſte qu'il en a fait contre elle, l'eſpoir de la vengeance lui fait rechercher avec empreſſement les découvertes dont elle a été une des premières victimes.

L'Empire, en guerre avec la Porte, voit enfin ſes poſſeſſions à l'abri des invaſions d'un Peuple barbare ; & c'eſt à VAUBAN qu'il doit ſa tranquillité. C'eſt ſur ſes plans, c'eſt d'après ſes principes que s'élèvent les fortereſſes contre leſquelles doit ſe briſer la puiſſance Ottomane.

La Hollande, qui n'avoit auparavant

que ſes écluſes & ſes digues pour boulevarts, commence à craindre que ces moyens ne ſoient inſuffiſans à ſa conſervation. Elle ſuit l'exemple que lui donne la Germanie, & rend ſes frontières tout à la fois redoutables & menaçantes.

L'Angleterre, dont l'admiration eſt tardive, ſur-tout envers les étrangers, vit d'abord d'un œil aſſez indifférent l'Auteur des progrès d'un Art qu'elle regarda toujours comme l'ennemi de ſa liberté : ſous la protection de l'Océan, certaine que ce n'eſt qu'en marchant ſur des abîmes qu'on peut arriver juſqu'à elle, n'ayant de confiance que dans ces forteresſes flottantes qu'elle tranſporte à ſon gré le long de ſes rivages ; il lui importoit peu qu'on eût, par delà les mers, changé ou perfectionné le ſyſtême des fortifications ; & l'admirable inventeur des places d'armes n'auroit peut-être jamais obtenu de cette Nation rivale, inquiète, jalouſe, ni hommage ni respect ; si ses travaux s'étoient bornés à la défense intérieure de sa Patrie. VAUBAN prouva à ces Insulaires que tous les élémens étoient également soumis à son génie.

La France n'avoit point de port dans la Manche : ses flottes, battues par l'ennemi, ou dispersées par la tempête, n'y trouvoient point d'asile où elles pussent échapper à la poursuite du vainqueur, ou au danger du naufrage. Quelques baies peu profondes, ouvrage de la nature, jetées çà & là, servoient de retraite au pêcheur, que la tempête avoit surpris. VAUBAN fait le relevé de tous les points, de toutes les sinuosités des côtes de la Flandre maritime. Il croit s'apercevoir que, devant le port de Dunkerque, la mer, dans ses mouvemens périodiques, laisse à découvert une plage immense ; qu'à son retour elle y ramène ses flots plus lentement qu'ailleurs : dès lors il conçoit le projet hardi d'agrandir Dunkerque, d'ajouter au bassin qu'elle renferme, une enceinte extérieure où les flots & les vents ſoient enchaînés; de rapprocher les côtes de la France de celles de l'Angleterre. L'entrepriſe étonne juſqu'à ceux qui ſont deſtinés à l'exécuter : les travaux à peine commencés, la mer, ſe repliant ſur elle-même, cède à VAUBAN un terrain qu'elle n'oſe plus lui diſputer, & voit dominer ſur ſes eaux un vaſte édifice, contre lequel ſa rage eſt impuiſſante.

Londres alarmée remplit de ſes clameurs toute l'Europe, & ne peut concevoir comment la France eſt parvenue à étendre les bornes que la Nature lui a circonſcrites.

Le Batave, tremblant déjà pour ſon pavillon, dit à tout l'univers que cette uſurpation eſt un attentat commis envers les Puiſſances maritimes.

O VAUBAN, quel triomphe pour toi! quel jour que celui où des Miniſtres, pleins d'effroi, te dénoncèrent à leurs Maîtres, & mirent ſous leurs yeux le plan

plan de cet édifice, chef-d'œuvre de hardiesse & d'imagination ! Quel moment que celui où des Rois, oubliant leur injure commune, te reconnurent, dans leur Conseil, pour le plus grand Génie de l'univers ! Ah ! ce moment vaut lui seul un siècle de gloire.

VAUBAN, comme Guerrier, mérita la couronne de l'immortalité ; comme Citoyen, il y eut des droits non moins respectables. Vous qui n'avez pas rougi d'attaquer la mémoire de ce Héros, retirez-vous ; je vais faire le tableau de ses vertus. Ceux dont la bouche impie a osé blasphémer l'Etre suprême ne doivent point souiller de leur présence le Temple où repose l'image de sa divinité.

DEUXIÈME PARTIE.

IMPOSANTE sur le sommet des Alpes, respectable dans le silence des forêts, menaçante dans les gouffres de l'Etna, la Nature est riante sur un côteau qu'éclaire l'aube du jour, vivante dans une prairie où paissent de nombreux troupeaux, riche dans un champ bien cultivé. Que celui donc qui aura à faire le tableau des merveilles qu'elle étale à nos yeux ne se borne point à peindre les sables brûlans de l'Afrique, les bouches du Vésuve, les écueils de la mer Glaciale (objets majestueux, & qui annoncent la fécondité de l'Etre puissant qui les a créés ; mais effrayans lorsqu'ils sont isolés ou trop rapprochés l'un de l'autre) ; autrement il passera pour avoir manqué du talent nécessaire à la composition d'un Ouvrage aussi magnifique, ou on l'accusera de n'avoir connu que la moitié des richesses qui ont été dispensées à cet Univers.

L'ame des grands Hommes (je parle de ceux qui ont été tout à la fois guerriers & patriotes) étant, dans ses modifications, l'image de la Nature, l'Orateur qui s'est imposé le devoir d'en recueillir les traits, doit présenter également ceux qui leur méritèrent ou le respect ou la reconnoissance des générations (20). Turenne, pardonnant à un serviteur imprudent une offense involontaire, n'est pas moins digne d'admiration, que lorsqu'il méprisoit le cartel injurieux de l'Electeur Palatin. VAUBAN, descendant dans les détails de l'Agriculture ; s'occupant des moyens de remettre en vigueur cet Art, l'aîné de tous les autres ; cherchant & trouvant dans son génie le secret du bonheur du Peuple & de la richesse de l'Etat, est peut-être plus digne de nos hommages que lorsqu'il donnoit des villes à Louis XIV.

Il n'est pour les cœurs froids & indifférens qu'une seule manière de servir l'Etat ; il en est mille pour celui qu'embrase l'amour de la Patrie. Cet amour est le moteur des grandes actions, le foyer de toutes les vertus : sans lui on peut avoir des talens, des qualités ; mais on n'a rien de plus. C'est ainsi que quelques hommes brûlent, par intervalle , d'un feu qu'ils croyent être la paſſion de la Patrie, quoiqu'il n'en ait pas même l'apparence. D'où vient cette erreur ? De ce qu'ils ignorent ce que c'eſt que la Patrie. Mais où eſt-elle ? dans quel ſanctuaire repoſe-t-elle ? Qu'ils le demandent à VAUBAN ; qu'ils deſcendent dans ſon ame , ils apprendront que la Patrie réſide dans le Prince & les Sujets; que ce ſont deux moitiés d'un tout que la penſée , & moins encore la tendreſſe , ne doivent point ſéparer ſans irréligion; que l'une eſt l'ame, l'autre le corps des Monarchies.

Il me ſemble entendre déjà les clameurs, les frémiſſemens de l'orgueil. Quoi ! la Patrie peut-elle réſider ailleurs que dans les Cours ? Les Grands , dont elle tire tout ſon éclat, ont-ils d'autres Concitoyens que ceux qui leur reſſemblent par la naiſſance ou les dignités ? Ce malheureux, que la néceſſité a fait leur eſclave , que la misère a proſcrit dès le berceau ; cet être abject à qui elle impoſe le devoir pénible de fatiguer ſans relâche la terre, pour obtenir d'elle la ſubſiſtance inſipide dont ils conſentent à ſe nourrir ; cet homme, chargé de haillons qui le défigurent, plutôt qu'ils ne le couvrent, vous oſez le nommer leur Concitoyen ! Oui, il l'eſt ; & c'eſt en qualité de premier Sujet de l'Etat, c'eſt-à-dire, du plus utile, qu'il réclame ce titre, ainſi que les droits qui y ſont attachés. Habitans des Cours, vous n'êtes que des objets de luxe ; le Laboureur eſt un inſtrument d'abondance : vous dévorez, il vivifie : vos mains ébranlent quelquefois les Empires, les ſiennes en aſſurent la durée & la puiſſance. Mais l'or eſt dans les vôtres. Eh ! qu'a de commun ce fantôme de la richeſſe avec la richeſſe même ? Voulez-vous connoître l'inertie de ce métal ? tranſportez-vous dans les contrées où la nature l'a enfoui. Qu'y rencontrez-vous ? Des eſclaves. Qu'y voyez-vous ? La stérilité. Parcourez ceux où le Laboureur est encouragé, honoré, vous y trouverez des hommes libres, des Peuples nombreux, des terres fécondes, des Trônes assis sur des bases inébranlables. Pénétré de ces vérités, convaincu que l'Agriculture est le principe de toutes les richesses, VAUBAN entrevoit la certitude de doubler celles de la France, dans la possibilité de doubler la fertilité des campagnes.

Mais (21) comment opérer ce prodige dans un Etat où le Paysan, sans cesse occupé de combattre la Nature ou le Fisc, est constamment le jouet de l'inégalité du sol & des impôts? Telle Province voit chaque année ses plaines surchargées de moissons abondantes, qui, faute de voies de communication, est obligée de consommer elle-même les productions dont elle auroit pu faire un échange avantageux. Telle autre est traversée d'immenses canaux prêts à y répandre la fécondité & à recevoir le ſuperflu de ſes récoltes & de ſa conſommation, où la terre, ingrate & ſtérile, trompant preſque toujours l'eſpérance du Laboureur, lui laiſſe à peine de quoi acquitter ſa dette envers la taille. Cependant, dans la première comme dans la ſeconde, l'impôt eſt réparti uniformément, c'eſt-à-dire, ſur les probabilités, & non ſur le réſultat des produits. Cependant, dans toutes les deux, l'Artiſan premier & unique de la fécondité de la terre eſt écraſé ſous le poids des charges publiques, tandis que celui que ſa naiſſance ou ſes emplois ont diſpenſé de concourir au bien général, jouit, & s'en fait honneur, du privilége de ne rien porter au Tréſor national.

La raiſon & l'équité demandoient qu'on établît enfin un nouveau ſyſtême d'économie publique. Il étoit temps de faire ceſſer le déſeſpoir des Cultivateurs, de prévenir leur anéantiſſement, à la ſuite duquel marche la ſtérilité, la famine, & la deſtruction des Etats. Il étoit temps qu'on fît entrer les domaines des grands propriétaires dans les balances du Fisc. Quel projet ! qu'il eſt vaſte ! Mais que d'obſtacles, que de difficultés né préſente-il pas ! C'eſt peu de l'avoir conçu, il faut avoir la hardieſſe de le propoſer ; il faut ſe ſentir le courage d'attaquer l'homme puiſſant, de lui livrer la guerre la plus opiniâtre, de le pourſuivre par-tout où il cherchera un aſile. Et s'il ſe réfugioit ſur les marches du Trône, qui oſera l'y combattre ? Malheureux Cultivateur, raſſure-toi ! il eſt des vertus dans les Cours ; il eſt des cœurs ſenſibles là où tu n'aperçois que l'indifférence & l'oppreſſion. Songe que, parmi les herbes vénéneuſes, la Nature fait croître les plantes ſalutaires qui émouſſent les traits du poiſon ; ſonge que VAUBAN eſt, au milieu de ceux mêmes qui conſpirent contre toi, l'Ange tutélaire que le Ciel a chargé du ſoin de te défendre ; ſonge que c'eſt le Héros de Valenciennes, de Beſançon, de

Luxembourg, qui va marcher contre tes ennemis.

A ce mot, qui ne croiroit que nos frontières ne ſoient menacées d'invaſion ? Mais nos ennemis ne ſont malheureuſement pas chez les Nations étrangères. Eh ! plût au Ciel qu'ils y fuſſent tous ! Vaincus ou vainqueurs, ils demanderoient la paix, ou nous l'accorderoient. Hélas ! il n'en eſt point à eſpérer de ceux que la Patrie recèle dans ſon ſein. Mais ces ennemis implacables où ſont-ils donc ? Par-tout : ils habitent les Cours, les villes ; ils ſouillent juſqu'à la ſainteté des campagnes. Ce ſont ces Sybarites qu'on voit promener avec tant de faſte l'indolence, l'oiſiveté & l'ennui. Aſſemblages monſtreux de vices & de ridicules, ils allient la barbarie à la volupté. Voilà ceux qui deſsèchent la terre, qui donnent la mort à l'Agriculteur, qui détournent ou détruiſent les canaux deſtinés à porter l'aiſance dans ſa chaumière.

Les disgraces laissent dans l'esprit des traces trop profondes, pour qu'il soit nécessaire de rappeler l'époque désastreuse où un Monarque, célèbre par vingt ans de victoires, éprouvoit enfin que les malheurs ne respectent pas plus les Rois que les autres hommes. La France avoit échangé l'or de ses épargnes & le sang de ses Sujets contre des lauriers tombés en poussière & à demi-arrachés, lorsque VAUBAN composa l'Ouvrage intitulé (22) *la Dixme Royale*. C'étoit le moment d'en faire hommage à la Nation. Séduit par les avantages qu'il présente, VAUBAN se flatte en secret qu'il sera accueilli avec transport. Vaine espérance ! Les grands Propriétaires, menacés de se voir rangés dans la classe des Citoyens utiles à la Patrie, ne souffriront pas cet opprobre. Ils s'assemblent, ils marchent en corps, ils présentent par-tout un front redoutable. A l'exemple de ces Peuples sauvages, qui ne vont point au combat sans pousser des cris horribles, ils jettent des clameurs, à travers lesquelles retentissent les mots de violation de propriété (terme qu'ils n'entendoient pas plus que ceux qui les ont répétés depuis). Que devint la voix du Sage au milieu de ce tumulte affreux? Elle se perdit, comme la voix du Nocher, lorsque les flots irrités frappent, en mugissant, les flancs de son vaisseau près de s'entr'ouvrir.

La Dixme Royale, regardée comme une atteinte aux privilégiés, une innovation dangereuse, fut mise alors au nombre de ces spéculations vagues, qui annoncent, dans celui qui s'en occupe, plus d'envie que de moyens de bien faire.

Les choses restèrent donc ce qu'elles étoient. Ainsi, l'on reconnut solennellement que la possession d'une terre continueroit d'occuper le premier rang parmi les propriétés (23); qu'elle en seroit la plus respectable, la plus sacrée; qu'on ne pourroit y toucher, pas même dans les plus grandes calamités, tandis que la vie & la liberté (les plus anciennes des propriétés données à l'homme par la Nature, & l'unique bien du Laboureur) ſeroient ſeules calculées & combinées ſuivant les beſoins de l'Etat.

O Vauban ! lorſque ton cœur te dictoit les moyens de tarir la ſource des maux qui ravagent les campagnes ; lorſque tu diſois que l'impôt qu'on met ſur le Payſan eſt l'atteinte la plus directe qu'on puiſſe porter à la propriété, que celui qui n'exiſte que par ſes bras ne peut donner à l'Etat le foible produit de ſes ſueurs, ſans que ſon exiſtence n'en ſouffre eſſentiellement , tu étois bien éloigné de croire qu'il ſe trouveroit des hommes aſſez endurcis , aſſez barbares pour refuſer de prêter l'oreille à des vérités proférées par la raiſon & l'humanité ! Si ta douleur fut amère dans ce moment, il te reſta au moins la douce conſolation d'avoir déſiré le bien, de l'avoir propoſé, d'en avoir donné l'exemple pendant tout le cours de ta vie. Il te resta la certitude que, dans un siècle plus éclairé sur les ressources publiques, que sous un règne plus ami du bien, sous des Ministres plus patriotes, le même projet, qu'on traitoit alors de chimère, seroit la ressource de la Patrie, la gloire du Monarque, le bonheur du Peuple.

N'en doutons pas, celui qui tient en ses mains la mesure des grandeurs humaines, inspira seul à VAUBAN un projet qui portoit l'empreinte de la sagesse divine; mais en même temps il répandit sur la France cet esprit de ténèbres & de vestiges, funeste avant-coureur des calamités publiques, qui fascine les yeux, & donne à la vérité les couleurs du mensonge.

Louis XIV, rival heureux d'Alexandre, ne devoit point s'asseoir au rang de Numa. VAUBAN, couvert des lauriers que dispense la victoire, ne devoit pas ceindre son front de la couronne dont s'étoit paré Sully : tant il est vrai que la gloire des hommes a un terme au delà duquel elle ne fauroit s'étendre ! VAUBAN, qui la voit par-tout où l'appelle la profpérité de la Patrie, abandonne aux ennemis de l'Etat les champs arides de la difpute, pour s'élancer dans une carrière plus digne de lui.

Tranfporté par fon efprit ardent au centre des Sciences, il les interroge toutes fur les poffibilités de perfectionner chaque partie de l'Adminiftration politique.

Les Finances fe préfentent d'abord à fes regards. Il contemple avec une furprife mêlée d'effroi cette machine immenfe, qu'un rien arrête, que tant de bras font mouvoir, qu'un feul homme conduit & dirige ; il en compte les refforts, il étudie les caufes de l'inégalité de fes mouvemens, il cherche les moyens de les rendre plus réglés.

A peine a-t-il jeté les yeux fur le Commerce, qu'il le voit faifant l'échange du fuperflu, formant les liens qui doivent unir enſemble les habitans des deux pôles ; portant chez les Peuples les plus barbares les mœurs, les uſages, l'induſtrie des Peuples civiliſés ; mettant à contribution toutes les parties de l'Univers ; ſe traînant avec lenteur, pour peu qu'il rencontre d'obſtacles ; volant avec la rapidité de l'aigle, lorſqu'il eſt libre & dégagé d'entraves.

De là il paſſe à la Marine (24), dont il admire la toute-puiſſance, ſoit qu'elle donne, ſoit qu'elle reprenne l'empire des mers, ſoit qu'elle veille à la ſûreté du Commerce, ſoit qu'elle recule les limites de l'Univers.

Il pénètre enſuite dans les manufactures. Quel théâtre pour ſes obſervations, que ces ateliers nombreux où des milliers d'hommes, eſclaves de nos fantaiſies & de nos beſoins, préparent, avec des mains groſſières, les ornemens du luxe, les parures de la frivolité ! Il reconnoît bientôt que l'exiſtence de cette portion utile & nombreuſe de Citoyens eſt ſubordonnée à la protection qu'on lui accorde, à la bonne qualité des matières, à la perfection dans la main d'œuvre.

Son génie ne trouve bientôt plus l'Europe aſſez vaſte ; il franchit les mers, & va ſe repoſer ſur ces contrées iſolées où l'avarice tient des Colonies entières dans un exil volontaire & perpétuel. Foibles, ouvertes de toutes parts, gardées par des eſclaves, à qui il importe peu de combattre pour des maîtres qu'ils abhorrent & qu'ils doivent abhorrer; confiées à des hommes amollis par les délices d'une vie oiſive & voluptueuſe, que deviendront-elles, ſi on ne veille à leur conſervation? VAUBAN, qui ſait que la richeſſe & la puiſſance de l'Etat ſont attachées à la poſſeſſion de ces domaines loitains, fait une étude particulière des moyens de réſiſtance que préſente la nature de leur poſition.

Jeunes Héros (25), pour qui l'oiſiveté eſt plus à redouter que la guerre même, ayez ſans ceſſe ſous les yeux l'Ouvrage immortel

immortel où VAUBAN dépoſa les obſervations de trentes années d'expérience & de travaux. A ſon exemple, conſacrez à votre inſtruction, à celle de votre ſiècle, les inſtans de repos que l'ennemi vous laiſſe, & la Patrie n'aura plus à rougir des honneurs qu'elle vous a accordés, & l'olivier de la paix pourra ſe mêler à vos lauriers ſans les faire diſparoître, & la Poſtérité ne réduira pas à quelques jours d'exiſtence, l'époque de votre vie.

VAUBAN, au milieu d'une Cour galante & faſtueuſe, où les Arts & le Génie s'épuiſoient à embellir le ſéjour du plus grand Roi de l'Europe, préféroit l'entretien d'un Savant, le ſilence de la retraite, à ces amuſemens frivoles que la Politique cruelle & ſavante de quelques hommes inventa ſans doute pour en tenir d'autres dans une captivité continuelle. C'eſt au ſein même des plaiſirs qu'il méditoit ces Oiſivetés ſublimes, dont le titre doit ſervir de leçon à ceux qui ignorent que le travail eſt le ſeul bouclier contre lequel s'émouſſent & ſe briſent les traits de la volupté.

Amour de l'étude, paſſion qui élève & fortifie l'ame, c'eſt à toi que VAUBAN dut ſa gloire, ſa réputation, ſes vertus ; c'eſt par toi qu'il échappa à ces tempêtes qu'excitent ſans ceſſe dans les Palais des Rois l'ambition & la rivalité; c'eſt par toi qu'il conſerva la ſimplicité de ſes mœurs, l'innocence & la paix de ſon cœur.

VAUBAN, comme l'a dit un Ecrivain illuſtre, étoit un Romain que la France ſembloit avoir dérobé aux plus heureux temps de la République. S'il en eut le caractère, c'eſt lorſqu'à l'exemple de ces Guerriers qui paſſoient du commandement des armées au ſoc d'une charrue, il quittoit le ſéjour du plus grand Roi de l'Europe pour la chaumière d'un Laboureur.

Simples habitans des campagnes, VAUBAN daigne viſiter vos retraites ; ne vous inclinez pas, c'eſt votre ami qui vient vous voir ; ne lui parlez ni de devoirs, ni de reſpect, ni de reconnoiſſance. Les momens qu'il vous accorde ſont précieux ; profitez-en : répondez aux queſtions qu'il vous fera ; ne diſſimulez rien ; conduiſez-le dans vos champs ; racontez-lui vos peines ; confiez-lui vos chagrins, il les dépoſera aux pieds du Trône. VAUBAN, dont l'impatience ne ſouffre aucun obſtacle quand il s'agit de faire des heureux, tient tout ce que ſa préſence a annoncé. Déjà l'eau porte la fécondité dans les plaines où régnoit la ſéchereſſe ; tandis que des ponts, jetés ſur des fleuves rapides, facilitent les communications, des digues élevées & ſolides bravent les flots d'un torrent débordé. Les inſtrumens aratoires, perfectionnés en partie, deviennent plus faciles à manier. Des canaux, placés de diſtance en diſtance, font de deux Provinces, juſqu'alors étrangères l'une à l'autre, quoique voiſines, deux Provinces amies. Le canal de Languedoc couronne tous ces travaux. Ainſi, le Miniſtre de Henri fécondoit, par ſon génie, le Royaume qu'il avoit conquis à ſon Maître. O Sully, pardonne ſi j'oſe placer à côté de ton nom celui de VAUBAN ! Le Héros qui te reſſembla tant par ſes vertus, pouvoit ſeul prétendre à l'honneur de t'être comparé. Si tu fus Guerrier, VAUBAN verſa ſon ſang dans les combats ; ſi tu gagnas des batailles, VAUBAN ſoumit des villes ; ſi tu fis faire quelques progrès à l'art de l'attaque & de la défenſe, VAUBAN porta l'une & l'autre à la dernière perfection ; ſi tu brûlas pour Henri du feu de l'amitié la plus ardente, VAUBAN eut pour Louis le Grand la piété d'un fils envers ſon père ; ſi tu fus toujours fidèle à la vérité, VAUBAN eut toujours la hardieſſe de la dire ; ſi tu fus Miniſtre des Finances, VAUBAN, comme Auteur de *la Dixme Royale*, prouva qu'il méritoit de l'être (26).

Enfin VAUBAN va recevoir le prix de

ſes talens militaires. Approchons - nous de lui ; obſervons - le de plus près que jamais. C'eſt lorſque l'homme n'a plus rien à attendre ni de ſon Roi ni de ſa Patrie, qu'il ceſſe de remplir des devoirs dont il n'eſpère plus aucun prix ; c'eſt alors qu'il montre qu'il ſe ſacrifioit à lui ſeul, lorſqu'il paroiſſoit ſe dévouer à la cauſe commune. Moment terrible, où tant de Héros moururent pour la gloire avant d'être morts à la vie, tu ne ſeras point funeſte à VAUBAN ! A peine le bruit de ſon élévation eſt - il parvenu juſqu'à lui, qu'il craint que cette faveur ne ſoit l'avant-coureur du courroux de ſon Maître. Il oſe le ſupplier de révoquer un bienfait dans lequel il ne voit qu'un acte de rigueur. Dans l'amertume de ſa douleur, il s'écrie : Ne ſuis-je donc plus digne de verſer mon ſang pour mon Roi ? Après cinquante ans de ſervices, n'ai-je pas acquis le droit de le ſervir juſqu'au dernier moment de ma vie ? Ma vieilleſſe ſera-t-elle condamnée à l'opprobre ? Le meilleur, le plus auguste des Souverains ne peut-il donc récompenser ses Sujets, sans causer leur désespoir ? Et si les ennemis venoient attaquer ses Etats, qui les combattra ? qui les repoussera.... ?

VAUBAN (27) cherche en vain à éloigner de lui les honneurs qu'on lui prépare ; il est proclamé Maréchal de France. Les dignités & le mérite sont étonnés de se rencontrer enfin dans la même personne.

VAUBAN avoit lu dans l'avenir ; il avoit pénétré la perfidie des Cours ; il savoit que l'ambition met au nombre de ses ressources l'art d'enchaîner, par les dignités, ceux dont elle redoute les talens. Hélas ! ses pressentimens ne se confirmèrent malheureusement que trop tôt.

Le plus beau siècle de notre Monarchie touchoit à l'instant de sa décrépitude. Un Monarque, long-temps invincible, éprouvoit à la fin que le hasard

& la fortune donnent & reprennent, quand il leur plaît, la victoire & la célébrité. Nos frontières, inondées de notre ſang, nos drapeaux enlevés, nos troupes diſperſées, tout atteſtoit que le Ciel punit, tôt ou tard, les conquêtes entrepriſes ſans néceſſité, c'eſt-à-dire, les forfaits des Rois. Le danger public demandoit que VAUBAN devînt une ſeconde fois le boulevart de la France : la Politique ſanguinaire de ſes rivaux fit taire la voix de la néceſſité. Le ſeul homme qui pouvoit rendre encore Louis XIV redoutable, eſt réduit à faire des vœux impuiſſans pour le ſalut de l'Etat, lorſque ſon bras & ſon génie s'offroient à le protéger; & celui qu'on a trouvé digne d'être Maréchal de France ne peut pas même obtenir la faveur de ſervir ſous les ordres d'un officier inférieur (28).

Jours de carnage & de deuil, où la deſtruction & l'anéantiſſement menaçoient tout un Peuple, quelles traces douloureuſes ne laiſsâtes-vous pas dans l'ame de VAUBAN ! Momens affreux où retentirent dans ſon cœur les noms épouvantables d'Hocſtet & de Ramillies, que de larmes ne lui avez-vous pas coûté ! Combien de fois n'a-t-il pas déteſté les honneurs inutiles dont il étoit couvert ! combien de fois n'a-t-il pas conjuré le Ciel de le débarraſſer du fardeau inſupportable d'une vieilleſſe oiſive ! Senſible à tous les maux qu'il éprouve, l'Arbitre ſuprême exauce enfin ſa prière (29). VAUBAN n'eſt plus, & ſa mort devient une nouvelle calamité pour la France, en même temps qu'elle eſt le gage des ſuccès de ſes ennemis.

Voilà celui dont quelques furieux ont voulu troubler la cendre, ſoixante-dix ans après ſa mort. Les inſenſés ! ils ignoroient ſans doute que l'Hiſtoire veille ſans ceſſe ſur la mémoire des grands Hommes, tenant dans ſes mains le glaive de la vérité. Eh bien, s'ils ne connoiſſent pas encore toute l'énormité de l'attentat qu'ils ont commis, qu'ils ſachent que la majeſté des Empires, repoſant dans la majeſté de ceux qui les ont illuſtrés, ils ſe ſont rendus coupables d'un crime d'Etat ; qu'ils ſachent qu'ils ſont voués à jamais à l'indignation publique, flétriſſure éternelle pour celui qui en porte l'empreinte !

Illuſtres deſcendans du Héros que je viens de célébrer, lorſque vous renouvellerez le marbre qui couvre ſes reſtes précieux, faites-y graver ces mots : *Ici repoſe* VAUBAN *; il aima ſon Roi ; il ſervit pendant ſoixante ans ſa Parrie ; il fut modeſte & ſimple ; il mourut pauvre* (30) *; il laiſſa un grand nom.* Cette inſcription rappellera à l'Etranger ſes actions héroïques ; elle apprendra à chacun qu'il ſe doit à ſon Prince, ainſi qu'à la Patrie ; elle apprendra à l'homme élevé en dignités, que le luxe & le faſte terniſſent l'éclat que donne le mérite ; elle lui apprendra que le mépris des richeſſes eſt une des vertus néceſſaires à ceux qui prétendent à l'immortalité.

NOTES

DE VAUBAN.

PAGE 11. (*note* 1) SÉBASTIEN LE PRÊTRE, Chevalier, Seigneur de Vauban, Basoches, Pierre-Pertins, Pouilly, Cervon, la Chaume, Epiri, le Creuset, & autres lieux, Maréchal de France, Chevalier des Ordres du Roi, Commissaire Général des fortifications, Grand'-Croix de l'Ordre de S. Louis, Gouverneur de la citadelle de Lille, Membre de l'Académie des Sciences, naquit le 1er. mai 1633, d'Urbain le Prêtre, & d'Aimée de Carmagnol.

Page 12. (2) L'homme, outragé par le temps, dans lui-même, dans tout ce qui l'entoure, dans tout ce qu'il chérit, imagina sans doute la noblesse pour se venger de ses injures & braver sa puissance. Tandis que tout s'écroule, qu'un siècle se réunit à des milliers de siècles passés, que les cendres d'une génération vont se confondre aux cendres des générations précédentes, l'édifice de la noblesse s'élève ; & c'est le temps lui-même, c'est le temps, ce destructeur terrible, qui en assure la solidité.

Page ib. (3) A l'âge de 17 ans, c'est-à-dire en 1651, il entra au service, dans le régiment de Condé, Compagnie d'Arcenay.

Page 15. (4) En 1553, il fut pris par un parti françois, & présenté au cardinal Mazarin, qui, sur le bruit de la réputation qu'il s'étoit déjà faite, & le mérite qu'il crut reconnoître en lui, l'attacha pour jamais à la France, en lui donnant de l'emploi.

Page 22. (5) L'art du Génie, cet art utile & terrible, étoit encore bien loin d'être perfectionné; & l'Europe attendoit VAUBAN. (*V.* Thomas, dans son *Eloge de Sully*, couronné par l'Académie Françoise en 1663.) Le fragment suivant, tiré des notes savantes qui font la suite de cet Ouvrage, indiquera à peu près le point d'où partit VAUBAN, lorsqu'il entreprit de reculer les limites de cet art. « Dans l'attaque, bien » disposer ses lignes; savoir à propos les resserrer ou » les étendre, ne leur donner que l'espace nécessaire; » appuyer leurs différentes parties par des postes; » établir entre elles une communication sûre & rapide; » reconnoître les avantages ou les obstacles que pré» sente un terrain plus bas ou moins élevé, dur ou » facile à s'ouvrir, sec ou marécageux; choisir le lieu » ou l'instant le plus favorable pour ouvrir la tranchée; » marquer la distance la plus convenable pour les » batteries; perfectionner la manière de les construire; » donner au canon l'inclinaison la plus avantageuse, » pour que ses coups aient le plus grand degré possible » de force; calculer pour la charge des mines la somme » des résistances & la qualité des poudres; trouver » toujours les proportions convenables à l'effet qu'on » veut produire; se servir des ouvrages déjà emportés, » pour battre les autres avec plus de succès; enfin varier » ses attaques selon les différentes constructions des » places, & apprendre des règles mêmes à s'en écarter, » lorsque les règles sont forcées par des loix supé» rieures de lieux, de temps, & de saisons. Dans la

» défenſe, renverſer les batteries de l'ennemi par des » batteries oppoſées ; détruire ſes travaux, ou les tourner » contre lui-même ; juger, par la vue de ſes premiers » ouvrages, de tous ceux qu'il médite ; connoître, par » leurs progrès, quel ſera le moment de l'attaque ; » diſtinguer les attaques feintes des véritables ; mettre » dans les ſorties une prudence active & une vigueur » ſage ; défendre chaque pouce de terrain comme la » place entière ; multiplier le ſiége en créant des » obſtacles ; être par-tout ſur les pas des aſſiégeans, » à la tranchée, à la brèche, & juſques dans les en- » trailles de la terre ; oppoſer par-tout la mort à la » mort, & s'armer des ruines mêmes ; enfin épier les » haſards, plus forts quelquefois que les canons, les » mines, & les bombes ». Voilà quels étoient les principes & l'art de Sully ; j'ajouterai, & des temps qui précédèrent VAUBAN. On ignoroit alors, comme on vient de le voir, l'uſage du ricochet ; on ne connoiſſoit pas davantage les parallèles, les places d'armes, les cavaliers de tranchées ; les ſapes, les demi-ſapes n'étoient pas pratiquées ; la défenſe par le jeu des eaux étoit très-imparfaite. Voici ce que dit à ce ſujet l'Auteur profond & lumineux *des Conſidérations ſur l'influence du génie de VAUBAN dans la balance des forces de l'Etat.* « Les écluſes exiſtoient sûrement avant M. DE » VAUBAN ; mais ces grandes manœuvres d'eau, ces » torrens préparés en toute ſécurité pour renverſer les » travaux de l'attaquant, furent des fruits mûris par » l'eſprit inventeur ; il ſeroit difficile d'exprimer ici » combien ce moyen conſervateur prit d'accroiſſement » entre ſes mains ; il en tira des reſſources immenſes » pour ſimplifier ſes diſpoſitons, pour balancer l'équi-

» libre des fronts d'attaque, pour économiser le déve-
» loppement des remparts, surchargés d'ouvrages, pour
» ramener la défense à des points déterminés & prévus,
» sur lesquels alors il déployoit toutes les forces de
» l'art. On a ajouté depuis à l'efficacité de ce moyen
» puissant; on y ajoutera beaucoup encore : mais que
» ferons-nous dans ce genre & dans tous les autres, dont
» VAUBAN ne nous ait donné le précepte & l'exemple »?
(*pag.* 27.)

Page 24. (6) En 1658, il conduisit en chef les attaques des siéges de Gravelines, d'Ypres & d'Oudenarde; ce qui lui valut une gratification considérable que lui fit accorder le cardinal Mazarin.

Page 26. (7) Il reçut trois blessures au siége de Montmédy, en 1657; & comme la Gazette en parla, on apprit, dans son pays, ce qu'il étoit devenu : car, depuis six ans qu'il en étoit parti, il n'y étoit point retourné, & n'y avoit écrit à personne; & ce fut là la seule manière dont il y donna de ses nouvelles. (Fontenelle, *Eloge de VAUBAN*, *p.* 253.)

Page 32. (8) Paix des Pyrénées, négociée entre la France & l'Espagne, dans une île que forme la rivière de Bidassoa, appelée l'île des Faisans, qui fait la séparation des deux Royaumes. Elle fut conclue le 7 novembre, après vingt-quatre conférences, dont la première avoit commencé le 13 août 1659. Le traité contenoit 124 articles, dont plusieurs rouloient sur l'établissement du commerce, & fut signé par le cardinal Mazarin, du côté de la France, & par dom Louis Haro, du côté de l'Espagne.

Page 33. (9) Il fut fait Brigadier d'Infanterie en 1664, Maréchal de Camp en 1676, & en 1678, Commissaire général des fortifications de France; charge qu'il se défendit d'abord d'accepter, & qu'il n'accepta que par ordre du Roi.

P. 35. (35) Souvent M. DE VAUBAN a secouru de sommes assez considérables, des officiers qui n'étoient pas en état de soutenir le service; & quand on venoit à le savoir, il disoit qu'il prétendoit leur restituer ce qu'il recevoit de trop des bienfaits du Roi.

Page 36. (11) Louis XIV, prétendant que, par la mort de Philippe IV, la plupart des Pays-Bas Espagnols étoient dévolus à la Reine son épouse, déclare la guerre à l'Espagne, qui vouloit s'opposer à cette prétention. Le Roi se met d'abord à la tête de ses armées, ayant sous lui le Vicomte de Turenne, le Maréchal d'Aumont, le Marquis de Créquy; part d'Amiens, se présente devant les places Espagnoles, &, en moins de trois mois, réduit sous son obéissance toutes les meilleures places de Flandre & du Hainaut.

Page 38. (12) La Flandre fut conquise en trois mois. Le Marquis de Castel-Nodrigo, Gouverneur des Pays-Bas, ne put empêcher ces succès rapides; & les troupes que le Comte de Marine amenoit au secours de Lille, furent défaites. (*Ab. de l'Hist. de Louis XIV, p.* 95.)

Page ib. (13) *Contradiction de Voltaire à relever.*

Il dit (*pag.* 289) qu'en moins de trois semaines toute la Franche-Comté fut soumise; puis (à la *p.* 322), il dit que cette conquête dura six semaines. De quel côté est l'erreur? C'est ce qu'il seroit assez important de faire connoître, & ce que les Mémoires du temps pourront indiquer,

Page 40. (14) Il ne manquoit au Roi que des troupes assez nombreuses pour garder les places prêtes à s'ouvrir à ſes armes. Louvois lui conſeilla de mettre de groſſes garniſons dans les villes priſes, & de les fortifier. VAUBAN, l'un de ces grands Hommes & de ces génies qui parurent dans ce ſiècle pour le ſervice de Louis XIV, fut chargé de les fortifier. Il le fit ſuivant ſa méthode nouvelle, devenue aujourd'hui la règle de tous les bons Ingénieurs. On fut étonné de ne plus voir les places revêtues que d'ouvrages preſque au niveau de la campagne; les fortifications hautes & menaçantes n'en étoient que plus expoſées à être foudroyées par l'artillerie. Plus il les rendit raſantes, moins elles étoient en priſe. Il conſtruiſit la citadelle de Lille ſur ces principes. On n'avoit point encore, en France, détaché le Gouvernement d'une ville de celui de la fortereſſe. L'exemple commença en faveur de VAUBAN; il fut le premier Gouverneur de cette citadelle. (Volt. *Siècle de Louis XIV.*)

Page 41. (15) Il fut occupé, en 1668, à faire des projets de fortifications pour les places de la Franche-Comté, de Flandre & d'Artois. Le Roi lui donna alors le Gouvernement de la citadelle de Lille, qu'il venoit de conſtruire; & ce fut le premier Gouvernement de cette nature en France, Ce qui fait un honneur infini à M. le Maréchal DE VAUBAN, c'eſt que, quoiqu'il ait été comblé de graces par ſon Roi, il n'en a jamais ſollicité aucune; ce qui eſt tout à la fois l'éloge du Prince & du Sujet. Ce fut en 1673, au ſiége de Maſtricht, qu'il inventa ſes fameux parallèles, qui lui ont aſſuré l'immortalité.

Page 42. (16) Le Prince de Condé ayant été bleſſé dangereuſement à la main au paſſage du Rhin, le Roi donna le commandement à M. de Turenne, qui s'empara

auſſi-tôt

aussi-tôt d'Arnhaim; prit en deux jours le château de Pothins & le fort de Skenk, places qui passoient pour imprenables. Le Roi enleva Doesbourg, Utrecht & Zutphen. Turenne prit ensuite Nimègue, Grave, Crève-Cœur & Bomel; le marquis de Rochefort se rendit maître d'Amesfort & de Naerden.

Page 42. (17) 1673. Cette année commença par des négociations pour la paix, qui furent sans effet. L'armée Françoise ouvrit la campagne par le siége de Mastricht, située sur la Meuse, la clef du Brabant Hollandois, & l'une des plus fortes places des Pays-Bas. La garnison étoit de 6000 hommes: M. de Farsaux en étoit Gouverneur. M. DE VAUBAN, qui conduisoit les travaux de ce siége, s'y servit, pour la première fois, de parallèles & de places d'armes, inconnues jusqu'alors dans l'attaque des villes. Le Roi, étant arrivé à l'armée avec le Prince de Condé, détacha le Comte de Lorges pour l'investir. Il se présenta ensuite devant la place avec 40,000 hommes, & fit dresser neuf batteries pour la foudroyer. Elle fut obligée de se rendre le 29 juin, au treizième jour de tranchée ouverte; & après avoir attendu inutilement le Prince d'Orange, qui arriva effectivement, mais trop tard, pour la secourir. Les assiégeans y perdirent 7 à 8000 hommes, & les assiégés 3000.

Page 43. (17) En 1688, la guerre s'étant rallumée, il fit, sous les ordres de M. le Dauphin, les siéges de Philisbourg, Manthreim & Frankendal. Ce Prince fut si content de ses services, qu'il lui donna quatre pièces de canon, à son choix, pour mettre en son château de Basoche; récompense vraiment militaires, privilége unique, & qui, plus que tout autre, convenoit au père de tant de places fortifiées. (Font. *Elogè de VAUBAN*, *pag.* 267.)

Ces trophées militaires ſont maintenant au château de M. le comte d'Aunay, petit-fils du Maréchal. M. le Préſident de Roſambo, frère de celui-ci, a eu pour lot, au partage de la ſucceſſion de M. DE VAUBAN ; les manuſcrits qu'il a laiſſés, & qui forment trente-cinq porte-feuilles, dont on pourroit compoſer au moins quarante volumes in-8°. Le Public apprendra ſans doute avec reconnoiſſance que les archives où ſont dépoſés ces Ouvrages précieux, ſont ouvertes, chez M. le Préſident de Roſambo, aux perſonnes qui ont beſoin d'inſtructions particulières pour l'Hiſtoire de ce grand Homme.

Page 44. (19) M. DE VAUBAN avoit porté ſi loin l'art de la défenſe, que le plus ſouvent, devant les places les plus fortes, il ne perdoit pas plus de monde que les aſſiégés.

La conſervation des hommes étoit ſon but principal ; non ſeulement l'intérêt de la guerre, mais auſſi ſon humanité naturelle les lui rendoit chers. Il leur ſacrifioit toujours l'éclat d'une conquête plus prompte & aſſez capable de ſéduire ; &, ce qui eſt encore plus difficile, quelquefois il réſiſtoit, en leur faveur, à l'impatience des Généraux, & s'expoſoit aux redoutables diſcours du Courtiſan oiſif. (Les hommes ſont donc quelquefois comptés pour quelque choſe.) Auſſi les ſoldats lui obéiſſoient-ils avec un entier dévouement, moins animés encore par l'extrême confiance qu'ils avoient en ſa capacité, que par la certitude & la reconnoiſſance d'être ménagés autant qu'il étoit poſſible. (Fonten. *Eloge de VAUBAN*, *p.* 261.)

Page 51. (20) L'Electeur Palatin, outré contre M. de Turenne des ravages qui avoient été commis dans ſes Etats, le provoqua, par un cartel rempli d'injures, à un combat particulier. Le Maréchal lui répondit dans les termes les plus honnêtes & les plus modérés, en lui diſant qu'il ne pouvoit accepter cet honneur ſans la permiſſion du Roi ſon Maître; mais qu'en attendant qu'il l'eût obtenue, il étoit prêt de décider le différend à la tête de l'armée des Alliés & de celle qu'il commandoit; ce que l'Electeur ne jugea pas à propos d'accepter. (*Abrégé de l'Hiſtoire de Louis XIV*, *p.* 119.)

Page 54. (21) *Extrait de la Dixme Royale de M. le Maréchal de* VAUBAN.

La Taille réelle, fondée ſur les arpentages & ſur les eſtimations des héritages, eſt bien moins ſujette à corruption, il faut l'avouer; mais elle n'en eſt pas moins exempte, ſoit par le défaut des arpenteurs, ſoit par celui des eſtimateurs, qui peuvent être corrompus, intéreſſés ou ignorans, ou par le défaut du ſyſtême en ſa ſubſtance, étant très-naturel d'eſtimer un héritage ce qu'il vaut, & de le taxer à proportion de la valeur de ſon revenu; ce qui n'empêche pas que, dans les ſuites, l'eſtimation ne ſe puiſſe trouver défectueuſe: c'eſt ce que l'exemple ſuivant rendra manifeſte.

Un bon ménager poſsède un héritage dans lequel il fait toute la dépenſe néceſſaire à une bonne culture; cet héritage répond aux ſoins de ſon maître, & rend à proportion. Si, dans ce temps-là, on renouvelle le tarif ou cadaſtre du pays, l'héritage ſera taxé ſur le pied de ſon revenu préſent; mais ſi, par les ſuites, cet héritage tombe entre les mains d'un mauvais ménager ou d'un homme ruiné, qui n'ait pas le moyen d'y faire de la dépenſe, ou qu'il ſoit décrété, ou qu'il tombe à des mineurs (comme il arrive ſouvent), en un mot, qu'il ſoit négligé par impuiſſance ou autrement, pour lors il déchoira de ſa bonté, & ne rapportera plus autant; auquel cas le propriétaire ne manquera pas de ſe plaindre, & de dire que ſon champ a été trop taxé, & il aura raiſon, par rapport au revenu d'alors : ce qui n'empêche pas cependant que les premiers eſtimateurs n'aient fait leur devoir. Qui donc aura tort? Ce ſera ſûrement le ſyſtême qui eſt défectueux, pour ne pas pouvoir ſoutenir à perpétuité la juſteſſe de ſon eſtimation; & c'eſt de ce défaut d'où procède la plus grande partie des plaintes qui ſe font dans les pays où la Taille eſt réelle, bien qu'il ne ſoit pas poſſible qu'il ne s'y gliſſe d'autres défauts de négligence, ou de propos délibéré, pour favoriſer quelqu'un.

Ailleurs, ſur le même ſujet (*ceci eſt écrit tout au long de la main de M.* DE *VAUBAN*) : Il eſt ainſi des répartitions qui ſe font par feux ou fouages, comme en Bretagne, Provence, Dauphiné & la Généralité de Montauban; où, quelque ſoin qu'on ait pris de les bien égaler, la ſuite des temps les a dérangés & diſproportionnés comme les autres.

Page 58. (22) *Dixme Royale*, *écrite en* 1700.

Que ceux qui ont douté que M. DE VAUBAN fût Auteur de la Dixme Royale, ſe donnent la peine de lire le paragraphe ſuivant, extrait du manuſcrit de cet Ouvrage ; & ils se repentiront sans doute de l'authenticité qu'ils ont donnée si légèrement à l'erreur où les a jetés une ignorance d'autant plus impardonnable, que si, comme je l'ai fait, ils s'étoient adressés aux descendans de ce grand Homme, ils en auroient reçu les instructions auxquelles je dois l'hommage que je rends ici à la vérité.

Je dis donc, de la meilleure foi du monde, que ce n'a été ni l'envie de m'en faire accroire, ni de m'attirer de nouvelles considérations, qui m'ont fait entreprendre cet Ouvrage. Je ne suis ni lettré, ni homme de Finance ; & j'aurois mauvaise grace de chercher de la gloire & des avantages par des choses qui ne sont pas de ma profession : mais je suis François, très-affectionné à ma Patrie, & très - reconnoissant des graces & des bontés avec lesquelles il a plu au Roi de me distinguer depuis si long-temps ; reconnoissance d'autant mieux fondée, que c'est à lui, après Dieu, que je dois tout l'honneur que je me suis acquis par les emplois dont il lui a plu m'honorer, & par les bienfaits que j'ai tant de fois reçus de sa libéralité. C'est donc cet esprit de devoir & de reconnoissance qui m'anime & me donne une attention très-vive pour tout ce qui peut avoir rapport à lui & au bien de son Etat ; & comme il y a déjà long-temps que je suis en droit de ressentir cette obligation, je puis dire qu'elle m'a donné lieu de faire une infinité d'observations sur tout ce qui pourroit contribuer à la sûreté de son Royaume, à l'augmentation de sa gloire, de ses revenus & du bonheur de ses Peuples, dont je n'ignore pas que le bien ne lui soit très-cher, puisque plus ils en auront, moins il sera en état d'en manquer.

Sentiment de M. de Vauban sur la Dixme Royale.

En effet, l'établissement de la Dixme Royale, imposée sur tous les fruits de la terre & sur tout ce qui fait du revenu aux hommes, me paroît le mieux proportionné de tous, parce que la Dixme suit toujours son héritage, & rend toujours à proportion de sa fertilité, & jamais plus ni moins.

(Plus loin.) C'est la plus simple & la moins incommode de toutes les impositions; parce que quand son tarif sera une fois arrêté, il n'y aura qu'à le faire publier aux personnes des Paroisses, & le faire afficher aux portes des Eglises : chacun saura à quoi s'en tenir, sans qu'il puisse avoir lieu de se plaindre que son voisin l'a trop chargé.

C'est la manière de lever les deniers royaux la plus pacifique de toutes, & qui excite le moins de bruit & de haîne parmi les Peuples; personne ne pouvant avoir lieu de se plaindre de ce qu'il aura ou devra payer, parce qu'il sera toujours proportionné à son revenu.

(Ailleurs.) La Dixme Royale me paroît enfin le seul moyen de procurer un vrai repos au Royaume, & celui qui peut le plus ajouter à la gloire du Roi, & augmenter avec plus de facilité ses revenus; parce qu'il est évident qu'à mesure qu'elle s'affermira, ils s'accroîtront de jour en jour, ainsi que ceux des Peuples : car l'un ne sauroit faire chemin sans l'autre.

Page 59. (23) Voici ce que Vauban pensoit des obligations de chaque Citoyen envers la Patrie. (*Dixme Royale*, *pag.* 119.) Les Tailles & les Aides, dans lesquelles je comprends les Douanes provinciales, étant ainsi converties en Dixmes du vingtième des fruits de la terre à percevoir en espèces, il se trouvera encore plus de la moitié du revenu des habitans du Royaume qui n'aura rien payé; ce qui seroit faire une injustice manifeste aux autres; parce qu'étant tous également Sujets & sous la protection du Roi & de l'Etat, chacun d'eux a une obligation spéciale de contribuer à ses besoins, à proportion de son revenu; ce qui est le fondement de ce systême : car d'autant plus qu'une autre personne est élevée au-dessus des autres par sa naissance ou sa dignité, & qu'elle posséde de grands biens, d'autant plus a-t-elle besoin de protection & intérêt que l'Etat subsiste en honneur & autorité; ce qui ne peut se faire sans de grandes dépenses. (M. DE VAUBAN n'exceptoit personne de la Dixme Royale.) La troisième partie de ce fonds doit être faite de la Dixme au vingtième de toutes les pensions, gages, dons, gratifications, & généralement de tout ce que le Roi paye à tous ses Sujets, de quelque rang, qualité & condition qu'ils soient : Ecclésiastiques ou Laïques, Nobles ou Roturiers, tous ont la même obligation envers l'Etat & le Roi; ainsi, tous doivent contribuer, & à proportion de toutes les sortes de biens qu'ils reçoivent, à son entretien & à sa conservation, & particulièrement de celui-ci, *qui leur vient tout fait*.

Ainsi, cet article comprend les Princes du Sang & les Etrangers, les Ducs & Pairs & les grands Officiers de la Couronne, les Ministres & Secrétaires d'Etat, les Intendans des Finances, les Gouverneurs & Lieutenans Généraux & Particuliers des Provinces, les Gouverneurs, Lieuteeans de Roi, d'Etat-Major des Villes & des Places, les Conſeillers d'Etat, Maîtres des Requêtés, les Intendans ou Commiſſaires départis dans les Provinces, tous ceux qui compoſent les Cours ſupérieures & ſubalternes du Royaume, & généralement tous les Officiers de longue & courte Robe, de Juſtice, Police & Finance, Nobles ou Roturiers, Grands ou Petits, qui tirent gages ou appointemens du Roi, penſion, ou quelques bienfaits; d'autant que tous doivent ſe faire honneur & plaiſir de contribuer aux beſoins de l'Etat, à ſa conſervation, à ſon agrandiſſement, & à tout ce qui peut l'honorer & le ſervir. (Nul n'en étoit exempt.) Je compoſerai la quatrième partie de ce fonds des gages & appointemens de tous les *Serviteurs* qui ſont dans le Royaume, à compter depuis les plus vils, en remontant juſqu'aux Intendans & Capitaines des Gardes du Roi, ceux des plus grandes Maiſons, même des Princes du Sang & des Enfans de France, leſquels, ne ſubſiſtant que ſous la protection de l'Etat, doivent, comme leurs Maîtres, contribuer à ſon entretien, ainſi qu'il ſe pratique dans les Etats voiſins. (*En marge de ceci, on trouve la note ſuivante*) : Il y a gens qui ont de la répugnance pour cet article; mais, à mon avis, mal à propos, parce qu'à proprement parler, c'eſt une des conditions du bas Peuple la plus heureuſe, parce qu'ils ne ſont jamais en ſoin de leur boire & manger, non plus que de leurs habits, couchers & levers; ce ſont les maîtres qui en ſont chargés pour eux : auſſi voit-on toujours plus de gaîté & de joie dans les valets que dans les maîtres.

Page 63. (24) Notre Marine étoit bien différente alors de ce qu'elle eſt aujourd'hui. Voici ce qu'en dit

Voltaire. « La France, ſous le miniſtère de Richelieu, ſe croyoit puiſſante ſur mer, parce que, d'environ ſoixante vaiſſeaux ronds que l'on comptoit dans ſes ports, elle pouvoit en mettre en mer environ trente, dont un ſeul portoit ſoixante & dix canons. Sous Mazarin, on acheta des Hollandois le peu de vaiſſeaux que l'on avoit. On manquoit de Matelots, d'Officiers, de Manufactures pour la conſtruction & pour l'équipement. Le Roi entreprit de réparer les ruines de la Marine, & de donner à la France tout ce qui lui manquoit avec une diligence incroyable. Mais en 1664 & 1665, tandis que les Anglois & les Hollandois couvroient l'Océan de près de trois cents gros vaiſſeaux de guerre, il n'en avoit encore que quinze ou ſeize du dernier rang, que le Duc de Beaufort occupoit contre les Pirates de Barbarie; & lorſque les Etats Généraux preſsèrent Louis XIV de joindre ſa flotte à la leur, il ne ſe trouva dans le port de Breſt qu'un ſeul brûlot, qu'on eut honte de faire partir, & qu'il fallut pourtant leur envoyer, ſur leurs inſtances réitérées. Ce fut une honte que Louis XIV s'empreſſa bien vîte d'effacer.

Ce n'eſt donc que ſous Louis XIV que l'on commença à ſentir la néceſſité d'avoir une Marine reſpectable. Mazarin, en ceci, porta ſes regards plus loin que Richelieu. La Hollande & l'Angleterre, qui régnoient alors deſpotiquement ſur les mers, virent s'élever une troiſième Puiſſance maritime, dont elles prirent tellement ombrage, qu'elles ſe réunirent pour la détruire. Mais la France, triomphant de leurs efforts, ſe fit admettre au partage de l'Empire des mers, où deux Nations, amies & protectrices, en apparence, de la liberté, exerçoient une tyrannie odieuſe, &

rendit libre enfin un élément auquel tous les hommes ont droit, du moment qu'ils osent en braver les dangers ».

Page 64. (25) Jeunes Guerriers, écoutez la belle leçon que VAUBAN vous donne, & profitez-en.

La guerre ne doit point exclure ses Officiers de la connoissance des Belles-Lettres; au contraire, je ne vois guère de profession où elles soient plus nécessaires que dans celle des armes. L'homme de guerre, qui ne connoît que son épée, n'est pas capable de grandes choses; & telles gens ont ordinairement peu de fortune, & le peu qu'ils en ont est très-borné. Il ne tiendra cependant qu'à eux d'étudier & de se rendre habiles dans les sciences qui peuvent convenir à leur profession, si, au lieu de s'occuper du jeu, du vin, & des femmes, qui leur font perdre un temps infini, & en ruinent la plus grande partie, ils vouloient bien y donner l'application nécessaire; car il seroit très-à souhaiter qu'il se trouvât des Savans de toutes professions dans les armées, pour n'être pas obligé d'avoir recours à gens de Robe pour diriger les affaires de la guerre, rien ne ravalant tant les troupes que de les assujettir à gens de Robe pour diriger les affaires de la guerre, rien ne ravalant tant les troupes, que de les assujettir à gens qui, n'étant pas de leur profession, leur sont nouveaux & toujours étrangers, dont ils ne s'accommodent qu'avec peine, soit qu'ils les considèrent comme des intrus qui leur enlèvent des emplois qui devroient leur appartenir, ou qu'il y ait une espèce d'antipathie entre la Robe & l'Epée, qui fait que les uns ne s'accommodent point avec les autres, il est certain que naturellement ils ne s'estiment pas beaucoup, & s'aiment encore moins.

Or si l'homme de guerre, qui doit avoir senti le poids d'un mousquet & de ses accompagnemens pendant un espace de temps considérable, pouvoit joindre le savoir d'un Homme de Lettres à celui de l'Homme d'Epée, ou se rendre capable de pouvoir bien administrer les charges de Commissaire, d'Intendant d'armée, Directeur des Hôpitaux, d'Envoyé chez les Princes Etrangers, pour négocier un cartel, quelque traité de neutralité, échange de prisonniers, diriger une capitulation, conduire la négociatiou d'une trève, ou les préliminaires d'une paix, il y a beaucoup d'apparence qu'ils s'en acquitteroient mieux que ceux qui n'ont aucune connoissance de la guerre, ni de ce qui peut y avoir rapport. (*p.* 444 *du VIIe volume des Oisivetés.*)

Page 68. (26) On connoît de M. DE VAUBAN un projet de Vingtième ou de la Taille réelle, *in-fol.* I, & un autre pour l'établissement d'une Taille réelle géométrique, qui, en produisant un reveuu très-considérable au Roi, supprimeroit la Taille personnelle & autres impositions, *in-fol.* I.

Un autre, de conversion de Tailles, des Aides, des Douanes Provinciales en Dixmes Royales équivalentes, *in-fol. I.*

Un autre, de conversion de la Taille, des Aides, des Douanes Provinciales en une Dixme Royale équivalente, *in-fol. I.*

Une Dissertation sur la Dixme, *in*-4°.

Il a laissé de plus des Ouvrages manuscrits sur les Monnoies, le commerce, les Compagnies de Commerce, les passe-ports, la valeur des blés, les dépenses de l'Etat, les revenus du Roi, les économies royales, les finances, la recette générale des finances de Bretagne, les Fermes du Roi & leurs revenus, celui des Archevêchés & Evêchés de France, & des Bénéfices dépendans du Roi. — Il a laissé un état des revenus des grands Prieurés & Commanderies de Saint-Lazare ; un état des affaires extraordinaires, des réflexions sur la Taille, la Capitation, la Taille divisée par Généralité ; un état du produit des entrées de Paris. Il a écrit sur les impositions, les droits d'Aides, les Gabelles, les emprunts, sur le crédit, sur les fiefs.

On aura une idée plus juste encore de la fécondité du génie de VAUBAN, du travail extraordinaire auquel il s'est livré, de la facilité avec laquelle il saisissoit & se rendoit propres les matières les plus étrangères à la profession des armes, lorsqu'on saura qu'il a composé des Mémoires sur l'Histoire en général & la Géographie, sur le dénombrement des Peuples & l'accroissement des hommes avant & après le Déluge ; sur l'Histoire Ecclésiastique, sur l'Histoire des Etats de l'Europe en général ; sur la France & sa superficie ; qu'il a laissé des Mémoires historiques sur les Provinces & les villes de France, un dénombrement des familles du Royaume, un Traité de Commerce de la France en général ; de celui des différentes villes en particulier ; qu'il a écrit sur les chemins, le ban, l'arrière-ban, les Cours Souveraines du Royaume, l'Amérique, les Colonies, les Affaires du Canada, le Commerce des Echelles du Levant, les haras, les bois, Eaux & Forêts, la pêche, la tourbe, le dessechement des marais, l'arrosement des prés, les mines de charbon, d'ardoise, les travaux des houilles & autres minéraux, la Médecine.

Il a laissé de plus des Ouvrages manuscrits sur les

Mathématiques, la Géométrie, la Trigonométrie, l'Architecture Militaire, ou fortifications en général, l'attaque des places, la défenfe des places, les places de guerre, le Gouvernement des citadelles & du fervice dans les places; fur les camps en général, les camps & tranchées, la fortification de campagne, autrement des camps retranchés, les camps fortifiés, les fiéges, l'artillerie en général, les mortiers, les bombes, les moyens de fe préferver de leurs effets; la fonte, l'épreuve & les affûts des canons, des mouvemens de l'artillerie, la fabrique des armes à feu, leur ufage, les munitions de guerre & de bouche, l'art militaire en général, les troupes, ce qu'il faut obferver pour en faire d'excellentes, le moyen de les attirer de l'étranger, & de les conferver; les levées des troupes, les milices & enrôlemens, le maintien & la difcipline des Régimens; ce qu'ils coûtent par an au Roi; la défertion, la Cavalerie, l'Infanterie, les Invalides, leur Hofpice, la Marine, la conftruction des vaiffeaux, le pilotage, les galères, la conftruction des différens petits bâtimens qui naviguent en mer, les armées navales, des projets de Marine, les coutumes de la mer, les matelots, les fignaux, les armemens en courfe, les prifes, &c., &c., &c.

Page 70. (27) La fucceffion d'Efpagne ayant fait renaître la guerre, il fe rendit à Namur au commencement de l'année 1703; & il y commandoit des réparations néceffaires, lorfqu'il apprit que le Roi l'avoit honoré du bâton de Maréchal de France. Il s'étoit oppofé quelque temps lui-même à cette fuprême élévation que le Roi lui avoit annoncée. Il avoit repréfenté qu'elle empêcheroit qu'on ne l'employât avec des Généraux du même rang, & feroit naître des embarras contraires au bien du service. Le titre de Maréchal de France produisit les inconvéniens qu'il avoit prévus ; il demeura deux ans inutile. Je l'ai entendu souvent s'en plaindre ; il protestoit que, pour l'intérêt de l'État & le bien du Roi, il auroit avec joie foulé aux pieds cette dignité. (Fonten. *Eloge* DE *VAUBAN*, *p.* 273.)

Page 71. (28) M. de la Feuillade, encore Lieutenant Général, étant chargé du siége de Turin, M. DE VAUBAN, quoiqu'alors Maréchal de France, offrit de l'accompagner pour l'aider de ses conseils : mais M. de la Feuillade répondit fierement qu'il prendroit Turin à la Cohorn. On sait quelle fut l'issue de ce malheureux siége, qui fut levé honteusement, avec une perte incroyable d'équipages. Le Roi, qui, avant l'entreprise, désiroit que M. de la Feuillade en eût toute la gloire, avoit représenté à M. DE VAUBAN que sa dignité seroit compromise, si sa demande lui étoit accordée. « Sire, » répondit M. DE VAUBAN, ma dignité est de servir » l'Etat ; je laisserai le bâton de Maréchal à la porte, » & j'aiderai peut-être M. de la Feuillade à entrer dans » la ville ». (*Cette note est tirée de l'Ouvrage de M. de Carnot, couronné par l'Académie de Dijon en* 1784.)

Page 72. (29) Il mourut le 30 mars 1707, d'une fluxion de poitrine, accompagnée d'une grosse fièvre, qui l'emporta en huit jours, quoiqu'il fût d'un tempérament très-robuste, & qui sembloit lui promettre encore plusieurs années de vie. Il avoit 74 ans moins un mois.

Il avoit épousé Jeanne d'Aunoy, de la famille des Barons d'Espiri, morte avant lui. Il en a laissé deux filles, Madame la Comtesse de Wille-Bertin, & Madame la Marquise d'Ussée.

L'aînée épousa le Marquis de Mesgrigny d'Aunay ; celui-ci eut pour fils le Comte d'Aunay, Lieutenant Général des armées du Roi, père de Marie-Claire-Aimée de Mesgrigny d'Aunay, qui épousa, en 1737, Louis le Pelletier de Rosambo, Président du Parlement. De ce mariage sont issus Louis le Pelletier de Rosambo, Président du Parlement, qui a épousé Antoinette-Marguerite-Thérèse de la Moignon de Malesherbes, fille de M. de Malesherbes, Ministre d'Etat, & Charles-Louis-David le Pelletier de Rosambo, Comte d'Aunay, Chevalier honoraire de l'Ordre de Jérusalem, Chevalier de l'Ordre Royal & Militaire de Saint-Louis, Mestre de Camp, Commandant-Inspecteur du Régiment du Colonel Général Cavalerie. Il s'est marié, en 1772, à Louise-Elisabeth Flavie du Chestenet de Puységur, petite-fille du Maréchal de France de ce nom.

La seconde fille de M. le Maréchal de Vauban avoit épousé le Marquis d'Ussée. Il ne reste point de postérité de cette alliance.

Le Comte d'Aunay, grand-pere de M. le Pelletier, a légué, par son testament, à l'aîné de ses petits enfans, les manuscrits de M. le Maréchal de Vauban, leur trisaïeul maternel, dont ils sont aujourd'hui les seuls représentans en ligne directe.

Le nom de M. de VAUBAN revit aujourd'hui dans la personne de M. le Comte de Vauban, Colonel du Régiment d'Orléans, arrière petit-neveu de ce grand Homme.

Voilà, en abrégé, sa vie militaire. Il a fait travailler à trois cents places anciennes, & en a fait trente-trois neuves. Il a conduit cinquante-trois siéges, dont trente ſous les ordres du Roi, ou de M. le Dauphin. Il s'eſt trouvé à cent quarante actions de viguenr & d'éclat. (Fonten. *Eloge* DE *VAUBAN.*, *p.* 276.)

Page 73. (30) Le plus bel éloge qu'on puiſſe faire de cet homme extraordinaire, c'eſt de dire qu'après avoir été comblé, pendant ſa vie, des bienfaits de ſon Roi, il n'a laiſſé, en mourant, qu'une fortune médiocre.

FIN.

www.ingramcontent.com/pod-product-compliance
Ingram Content Group UK Ltd.
Pitfield, Milton Keynes, MK11 3LW, UK
UKHW020931180726
13838UKWH00002B/887

9 782329 075334